QUE SAIS-JE ?

Les thérapies familiales

JEAN MAISONDIEU
Psychiatre des Hôpitaux

LÉON MÉTAYER
Maître de Conférences à l'Université de Bretagne occidentale

Quatrième édition

16e mille

DES MÊMES AUTEURS

Les hommes politiques n'ont pas d'enfant, en collaboration avec J. Baguenard, Paris, PUF, 1983 *(épuisé).*

De J. Maisondieu :

Le crépuscule de la raison, 1re éd., Paris, Centurion, 1989 ; 2e éd., Paris, Bayard Éditions, 1992 ; nouv. éd. augmentée, Paris, Bayard Éditions, 1996.
Les alcooléens, Paris, Bayard Éditions, 1992 ; nouv. éd. revue et augmentée, Paris, Bayard Éditions, 1998.
L'idole et l'abject, Paris, Bayard Éditions, 1995.
La fabrique des exclus, Paris, Bayard Éditions, 1997.
Liberté, égalité..., psychiatrie, Paris, Bayard Éditions, 2000.

ISBN 2 13 051703 X

Dépôt légal — 1re édition : 1986
4e édition : 2001, octobre

6, avenue Reille, 75014 Paris

INTRODUCTION

Inconcevable il y a encore quelques décennies, la notion de thérapie familiale implique dès son énoncé la possibilité de soins pour les familles et donc l'existence d'une « pathologie familiale ».

Qu'une famille souffre parce que l'un de ses membres est malade ou qu'un individu s'effondre parce que son entourage manque de compréhension à son égard, ce sont là des situations que tout le monde connaît et peut admettre. Mais quand on avance l'hypothèse qu'un groupe familial pourrait être perturbé dans son ensemble, et que la maladie de l'un de ses membres ne serait ni la cause ni la conséquence de cette perturbation mais qu'elle en témoignerait, il en va autrement. Parce qu'elle est paradoxale dans le contexte culturel actuel, cette proposition n'est pas facilement admise par certains, alors que d'autres l'acceptent sans critique suffisante.

Dans cette perspective, par rapport à laquelle il est indispensable de se situer, l'individu qui présente les symptômes n'est pas nécessairement lui-même « malade » : il est aussi (et peut-être seulement) reconnu comme tel. Porteur unique de la pathologie collective, qu'il se prête à ce rôle et/ou qu'on l'y pousse, il est un « malade désigné ».

Les implications de cette hypothèse, si elle se vérifie, sont de nature à bouleverser le champ psychiatrique puisqu'elles ne permettent plus d'enclore le désordre psychique dans un individu unique (le malade) et parce qu'elles laissent à entendre que la réponse médicale au problème de la folie n'est pas forcément la seule, ni même la meilleure.

Les perspectives ouvertes par les thérapies familiales sont impressionnantes d'abord pour les familles souffrantes qu'il sera peut-être possible de soulager plus efficacement, ensuite, par tout ce qu'elles peuvent entraîner de changement dans l'organisation des soins ; enfin parce qu'elles peuvent nous amener à réviser nos attitudes face à la folie mais en même temps se pervertir en instruments de manipulation idéologique inquiétants.

Toutes ces interrogations montrent la nécessité d'étudier les thérapies familiales en en repérant la genèse, en indiquant leur état actuel et en se posant la question de leur avenir.

Chapitre I

GÉNÉRALITÉS

Aux États-Unis, dans les années 1950, un certain nombre de chercheurs, se rendant compte des limites de l'approche psychiatrique traditionnelle centrée sur le malade mental, commencent à s'intéresser à l'entourage de leurs patients, et tout particulièrement à leurs familles. C'est là le point de départ d'expérimentations diverses, et quasi clandestines, car elles soulèvent une forte opposition de la part des institutions. Néanmoins, convaincus par leurs premiers succès de la richesse potentielle de cette nouvelle approche, les pionniers de la thérapie familiale persévèrent. À partir de 1955, ils confrontent leurs pratiques et leurs résultats, et finissent par constituer un « collège invisible », c'est-à-dire une référence collective, bien que géographiquement dispersée.

À partir de ce moment, ce que l'on appellera dorénavant le mouvement des thérapies familiales s'implante solidement aux États-Unis, avant de se diffuser en Europe occidentale, en commençant par la Grande-Bretagne, la Suisse et l'Italie. Ceci avec un décalage considérable dans le temps, qui transparaît dans la comparaison des dates de publication et de traduction des textes fondamentaux.

Le mouvement touche d'abord les travailleurs sociaux et les psychiatres de services publics qui, quotidiennement confrontés à des situations familiales douloureuses, pensent y trouver une nouvelle voie, peut-être moins théorique, et davantage susceptible de prendre en compte les conditions réelles d'existence de ceux à qui ils ont affaire (malades, délinquants, marginaux...).

À l'heure actuelle, on assiste à un bouillonnement d'idées, à une multiplication des expériences et à un foisonnement de publications qui ne permettent plus d'ignorer les thérapies familiales ni de les rejeter comme un caprice de la mode. Peut-être même s'agit-il d'un tournant dans l'histoire du traitement des déviances, mais l'accueil réservé aux premières manifestations de ce mouvement en France n'a pas toujours été favorable. C'est ainsi qu'en 1981 Roland Jaccard pouvait écrire dans *Le Monde* :

« Ce courant se heurte, en France tout au moins, à une double résistance : celle des psychiatres organicistes, qui comptent sur les découvertes psychopharmacologiques pour résoudre les problèmes de leurs patients, et celle des psychanalystes traditionnellement méfiants à l'égard des innovations de leurs confrères d'outre-Atlantique[1].

« Ainsi les divers ouvrages des pionniers de la thérapie familiale traduits en français jusqu'à présent n'ont-ils guère connu d'écho. On préfère les ignorer plutôt que de les discuter. »[2]

De même on peut relever l'opposition plus ancienne du mouvement antipsychiatrique, pour qui les thérapies familiales ne visent qu'à récupérer la famille et à la consolider, c'est-à-dire à renforcer les structures bourgeoises.

Nous allons donc tenter de préciser les étapes dans l'évolution complexe des thérapies familiales, puis examiner les concepts qui les sous-tendent et les pratiques qu'elles mettent en œuvre, mais auparavant nous allons proposer quelques définitions.

Certes, depuis toujours, les psychologues et les médecins ont fait appel à la famille pour obtenir des rensei-

1. Dans sa présentation de l'édition française des *Psychothérapies familiales* de Boszormenyi-Nagy et Framo, Paris, PUF, 1980, D. Widlöcher note : « Une fois de plus le pragmatisme anglo-saxon peut décevoir une lecture superficielle... » (p. 6).

2. 23 mars 1981.

gnements sur le malade (ce que le psychanalyste se refuse à faire dans la cure classique). Cependant ces entretiens d'information réciproque médecin/famille n'entrent pas dans le cadre des thérapies familiales qui, selon nous, désignent

« toute pratique thérapeutique qui envisage la famille comme un ensemble souffrant où les symptômes de l'un de ses membres peuvent être considérés, en tout ou partie, comme en rapport avec la souffrance de tous. Quelle que soit sa référence théorique, cette technique a pour objectif de diminuer la souffrance commune en utilisant ensemble les membres de la famille comme agents et objets de la thérapeutique ».

Cette définition entraîne la nécessité de préciser ce que nous entendons par famille et par souffrance.

I. – La famille

On pourrait penser qu'il est facile de donner une définition satisfaisante de la famille. En fait, les différents travaux des historiens et des sociologues montrent qu'il n'en est rien, tant les frontières de la famille sont fluctuantes.

C'est ainsi que, dans leur ouvrage *Microsociologie de la famille*, J. Kellerhals, P. Y. Troutot et E. Lazega adoptent celle de G. P. Murdock (1972) en ce qui concerne la famille nucléaire : « C'est la cohabitation et la coopération socialement reconnues d'un couple avec ses enfants. »[1]

Cependant, en ce qui concerne les thérapies familiales, cette proposition est trop limitative, car elles ne se bornent pas à la famille nucléaire. C'est pourquoi M. Selvini Palazzoli avance la définition suivante : « Un groupe naturel ayant une histoire commune »[2] ; quant à Walrond-

1. Paris, PUF, « Que sais-je ? », 1984, p. 7.
2. *Paradoxe et contre-paradoxe*, Paris, ESF, 1983, p. 12.

Skinner, elle se contente d'assimiler la famille à un « système social naturel »[1] sans davantage de précisions. Pour nous, les thérapies familiales s'appliquent à « tout groupe qui se considère comme une famille à la condition que ce groupe comprenne des représentants d'au moins deux générations unies par la filiation ».

Ainsi, les thérapies familiales se distinguent-elles des :

- thérapies de couple, où une seule génération est représentée et où, le plus souvent, les deux partenaires reconnaissent d'emblée que c'est leur relation qui est en cause ;
- thérapies de groupe, où manquent les liens de filiation.

II. – La souffrance

Une famille contient un membre dont le comportement lui échappe. Elle souffre de ne pas le comprendre et/ou de ne pas être comprise par lui, qui participe aussi à la souffrance de tous. Les relations familiales sont perturbées sans que personne sache ce qu'on peut y faire, et sans qu'une cause évidente justifie ce comportement. Elle se trouve déjà confrontée à l'incompréhensible et, partant, à la folie, dès lors que la folie est là quand on ne comprend ni le pourquoi ni le comment d'un comportement, chez soi-même ou chez autrui.

En fait l'idée même de folie est inacceptable et il est habituel, du moins en France depuis la Révolution (Constituante, 1790), de la considérer comme une maladie mentale. C'est la position adoptée par R. Jaccard quand il écrit :

« Je préciserai enfin que bien que le concept de maladie mentale ne recouvre pas purement et simplement celui de folie, j'utiliserai indifféremment les deux termes. L'idée d'assimiler la

1. *Thérapie familiale. Traitement des systèmes vivants,* Paris, ESF, 1980, p. 11.

folie à une maladie, de vouloir coûte que coûte qu'elle soit semblable en son principe aux autres maladies, n'a jamais pu s'imposer absolument. »[1]

Cependant nous ne souhaitons pas le suivre dans son indifférenciation des deux termes, car elle interdirait l'accès au champ des thérapies familiales. En effet, le passage du fou au malade mental a certes permis des progrès considérables dans l'élaboration de la nosologie et, parallèlement, dans la mise en place de soins plus appropriés. Mais si on considère par exemple le cas de la schizophrénie, généralement présentée comme la maladie mentale type, elle pourra être définie, selon les termes de H. Ey, comme une « transformation profonde et progressive de la personne, qui cesse de construire son monde en communication avec autrui pour se perdre dans une pensée autistique, c'est-à-dire dans un chaos imaginaire »[2].

On entend bien que cette définition, inspirée du modèle médical, va induire un certain type de conduite de la part des thérapeutes et du malade. Cependant, au lieu de ce tableau, on peut préférer celui de P. Watzlawick, où la schizophrénie est considérée « comme la seule réaction possible à un contexte où la communication est absurde et intenable (réaction qui obéit aux règles d'un tel contexte et, par suite, les perpétue) »[3].

Cette fois, il n'y a plus qu'un sujet désigné comme malade par son entourage, et éventuellement par lui-même, en face d'un thérapeute pour qui son comportement n'est pas le signe d'une maladie qui lui serait propre, mais l'adaptation à une souffrance collective. Il semble

1. *La folie,* Paris, PUF, « Que sais-je ? », 1979, p. 10.

2. H. Ey, P. Bernard et Ch. Brisset, *Manuel de psychiatrie,* Paris, Masson, 3e éd., 1967, p. 549.

3. P. Watzlawick et coll., *Une logique de la communication,* Paris, Seuil, « Points », 1972, chap. 6.

tout aussi évident que, dans ce deuxième cas, la conduite du thérapeute sera différente.

Ce simple exemple fait déjà percevoir l'extraordinaire complexité, mais aussi la richesse de cette nouvelle approche qui reconnaît l'importance du contexte.

1. Complexité qui se situe à deux niveaux. D'abord celui de l'étiquette diagnostique collée sur le malade mental et qui oriente nécessairement les conduites, comme nous venons de le voir. Ensuite celui du lieu de l'observation qui n'est pas extérieur à l'objet observé ; davantage que dans les sciences exactes, il est à la fois intérieur et extérieur.

Le thérapeute familial serait donc dans la situation paradoxale de « celui qui est à la fenêtre en train de se regarder passer dans la rue ». Il est en effet dans la famille puisqu'il participe à ses interactions et hors de la famille puisqu'il les observe. Devant cette difficulté d'être à la fois dedans/dehors, on voit se mettre en place deux stratégies principales. Schématiquement les psychanalystes s'efforcent de rester à la fenêtre pour écouter les appels et les bruits de la rue où se trouve la famille. Les systémiciens, eux, descendent dans la rue pour s'imprégner de l'ambiance, mais ils gardent un observateur à la fenêtre, éventuellement derrière une glace sans tain, pour qu'il leur évite d'être complètement happés. Quant aux comportementalistes, dans leur refus du mentalisme, ils persistent à penser que ce paradoxe situationnel n'existe pas vraiment et que l'on peut créer des situations expérimentales pures où l'observateur ne modifie pas (involontairement) par sa présence les données de l'expérience.

2. Richesse parce qu'à la conception classique de la maladie mentale issue du modèle médical, figée et forcément statique, où le trouble est perçu comme un déficit,

les thérapeutes familiaux ajoutent une conception optimiste et dynamique faisant appel aux ressources de la famille tout entière, donc y compris « le malade », pour mettre en place les possibilités d'un changement. Ceci pouvant entraîner à terme un éclatement de la nosologie actuelle et un bouleversement des structures de soins. Pour le moment un des grands problèmes est celui de l'articulation de ces deux conceptions car leurs logiques différentes (la première est centrée sur l'individu, la seconde sur le contexte et les rapports individus/contexte) les rendent plus ou moins exclusives l'une de l'autre dans la pratique, bien qu'elles aient une réelle complémentarité. Le risque étant de se livrer à un amalgame théorique, pathogène parce que source supplémentaire de confusion, ou au contraire de s'enfermer dans un seul point de vue et de priver ainsi de précieuses possibilités de soulagement les familles souffrantes.

Chapitre II

MALADIE MENTALE ET FAMILLES : ÉVOLUTION DES POINTS DE VUE

Depuis bientôt deux siècles, on assiste à une évolution progressive des rapports entre les thérapeutes et les familles des malades mentaux. En simplifiant, on peut distinguer trois grands courants qui ne se situent pas dans une perspective chronologique mais qui peuvent au contraire coexister. Ce sont l'aliénisme, l'antipsychiatrie et les thérapies familiales.

I. – Vers l'enfermement. L'aliénisme

À la fin du XVIIIe siècle et plus précisément, en ce qui concerne la France, en 1790 lorsque la Constituante abolit les lettres de cachet, la notion de maladie mentale fait son apparition. À partir de ce moment, c'est au médecin et non plus au geôlier qu'est dévolue la tâche de prendre en charge les aliénés[1]. Il doit donc s'occuper du malade et du malade seul. Même si certains médecins repèrent déjà des indices de l'influence que l'entourage peut exercer sur le patient[2], il n'en reste pas moins vrai que l'opinion de Pinel reflète celle des autres aliénistes :

« Il est si doux en général pour un malade d'être au sein de sa famille et d'y recevoir les soins et les consolations d'une amitié tendre et compatissante que j'énonce avec peine une vérité

1. Cf. M. Foucault, *Histoire de la folie à l'âge classique,* Paris, Plon, 1961, et R. Castel, *L'ordre psychiatrique,* Paris, Éd. de Minuit, 1966.
2. C. Lasègue et J. Falret, *La folie à deux, ou folie communiquée* (1877), texte repris *in* C. Lasègue, *Écrits psychiatriques,* Toulouse, Privat, 1971.

triste mais constatée par l'expérience la plus répétée, la nécessité absolue de confier les aliénés à des mains étrangères, et de les isoler de leurs parents. »[1]

Bien que cette prescription reconnaisse implicitement l'importance du contexte pour le malade mental, les aliénistes ne vont pas jusqu'à envisager la possibilité d'une pathologie familiale. Le malade est donc extrait de son milieu naturel pour être traité de façon plus efficace dans une institution adéquate. L'enfermement satisfait ainsi à deux obligations : protéger le malade contre lui-même et préserver la famille. La loi de 1838, promulguée par la Chambre des Pairs après de longues et difficiles délibérations, organise les modalités de l'internement. Bien qu'elle vise officiellement à protéger l'individu considéré comme dangereux pour lui-même ou pour son entourage, elle est avant tout une loi de défense sociale. C'est « l'âge d'or de l'aliénisme ». Le critère essentiel est l'incapacité du malade à reconnaître son état et à réagir convenablement, et donc à se conduire « comme tout le monde »[2].

Dans tout ceci il s'agit d'une coalition entre la société, la famille et le médecin contre le malade. Cette coalition a longtemps duré sans être contestée. Mais un certain nombre d'événements, dont nous ne citerons que les principaux, vont ébranler les certitudes : ce sont par exemple les théories de Marx et ses analyses des rapports sociaux, en particulier, en ce qui nous concerne, dans la famille ; les découvertes de Freud et la mise en place de la psychanalyse ; la première guerre mondiale et la fin des illusions sur la raison triomphante ; puis, avant la seconde guerre mondiale, la solution radicale proposée par

1. P. Pinel, *Traité médico-philosophique sur l'aliénation mentale,* Paris, Brosson, 2e éd., 1809, p. 6.
2. La loi du 27 juin 1990 qui la remplace améliore les droits des hospitalisés.

A. Hitler, qui veut que l'on pratique la stérilisation eugénique sur les malades mentaux[1] et, peu de temps après, pendant le conflit, les conditions de vie effroyables qui entraînent dans les asiles une surmortalité chez les malades mentaux, et enfin la découverte, par les psychiatres eux-mêmes, dans les camps, de ce qu'est la vie carcérale, tout cela se conjugue pour faire naître l'idée que l'asile, tel qu'on le connaissait, devait être supprimé.

II. – Vers le désenfermement. L'antipsychiatrie

Dès la libération, l'idée se fait jour qu'il importe de mettre en place des secteurs psychiatriques. Si l'évolution des esprits en ce sens aboutit en 1960 à la circulaire ministérielle définissant les conditions nécessaires pour qu'à plus ou moins long terme les asiles disparaissent, il faut attendre 1985 pour qu'une loi officialise enfin l'existence des secteurs mis en place progressivement pendant ce quart de siècle. Ce mouvement, favorisé par l'apparition des médicaments psychotropes, vise à faire en sorte que l'hôpital psychiatrique ne soit plus ni le seul ni même le principal lieu de traitement. L'accent est mis sur la volonté de soigner le malade dans son milieu naturel, c'est-à-dire, dans bien des cas, dans sa famille.

Toutefois, en Grande-Bretagne, vers 1960, deux psychiatres, D. Cooper et R. D. Laing, lancent dans le grand public des idées qui connaissent tout de suite un immense retentissement. Le courant antipsychiatrique est né. À partir de leur expérience de praticiens, Cooper et Laing découvrent le rôle de la famille en tant que responsable de certaines pathologies mentales, la schizophrénie notamment. Ils critiquent avec la plus grande violence les thérapies mises en œuvre et ils poussent leurs analyses jusqu'à

1. Loi du 14 juillet 1934.

leurs conséquences extrêmes : la société et la famille étant complices dans l'oppression de l'individu, il est indispensable de les faire disparaître toutes deux pour que l'homme ait une chance de garder son équilibre[1].

Ces prises de positions suscitent des réactions passionnées dans le monde entier, qui vont de l'adhésion inconditionnelle à la critique la plus acerbe. Dans le premier cas, cela aboutit, aux États-Unis, à la Radical Psychiatry, autant inspirée par la politique que par la médecine, ou bien, en Italie, à la contestation de F. Basaglia, dont la pratique est inséparable de son appartenance à la mouvance marxiste. Dans le deuxième cas, on assiste à des condamnations sans appel. En France, H. Ey est considéré comme le chef de file de l'anti-antipsychiatrie et on peut lire des appréciations définitives, comme celle de P. Racamier sur Laing « qui nous offre, en fin de compte, une découverte de concierge qui se met à penser »[2].

Sur le plan pratique, mis à part quelques réalisations qui n'ont pas duré (Kingsley Hall en Grande-Bretagne), l'antipsychiatrie n'a pas entraîné de modifications profondes. Mais il importe de noter que, par son interrogation vigoureuse, elle a contraint les thérapeutes à se soucier, davantage du rôle de la famille auprès des malades mentaux.

Ceci a ouvert la porte à une révision des habitudes car dorénavant la notion de famille « victime à protéger » ne va plus de soi.

III. – La thérapie familiale

Dans le contexte d'après guerre déjà évoqué, les mouvements de population, les deuils, les retours de millions

1. Cf. D. Cooper, *Mort de la famille,* Paris, Le Seuil, 1972.
2. Cité *in* M. Demangeat et J.-F. Bargues, *Les conditions familiales de développement de la schizophrénie,* Paris, Masson, 1972, p. 89.

d'hommes dans leurs foyers posent de difficiles problèmes. Les psychiatres et les travailleurs sociaux ne peuvent y rester indifférents, en Grande-Bretagne, notamment, où le gouvernement organise le Welfare State. Dans cette structure, l'accent est surtout mis sur le casework d'inspiration analytique qui paraît suffisant pendant quelques années. Pourtant les limites de cette approche, en particulier dans les milieux défavorisés, rendent peu à peu indispensable la recherche d'une autre voie.

Alors, la conjonction de mouvements de grande ampleur, tels que le développement de la cybernétique, les travaux de l'école de Palo Alto, les recherches culturalistes sur les petits groupes et l'émergence de la théorie générale des systèmes, va permettre aux thérapies familiales de se définir clairement. Dorénavant les trois attitudes vont cohabiter : celle qui consiste à protéger la famille du malade, celle qui consiste à défendre le malade de sa famille et celle qui refuse de dissocier le malade et la famille dans les étapes du projet thérapeutique.

Chapitre III

LES TENDANCES ACTUELLES DE LA PSYCHIATRIE

Elles sont essentiellement au nombre de quatre, qui sont l'aboutissement de la longue lutte contre la folie.

I. – L'approche médicale

C'est la plus ancienne et la plus répandue. Partout, les malades mentaux sont confiés à des médecins. Du fait de leur formation, ceux-ci sont soumis au modèle anatomo-clinique, c'est-à-dire au modèle de la lésion. Le symptôme est toujours la conséquence d'une cause. La perspective est donc matérialiste, linéaire et causaliste. La description que donne Bayle d'un trouble psychique, la paralysie générale, en 1897 est typique de cette approche. Puisqu'un micro-organisme, le tréponème pâle, entraîne des lésions cérébrales (striatite syphilitique), il suffirait en principe d'attaquer la cause pour que les effets n'aient plus lieu. Dans une telle perspective, le malade seul est l'objet de soins et ce modèle de maladie mentale a pesé et pèse encore lourd dans l'évolution de la psychiatrie, car on a longtemps espéré qu'il en allait de même pour les autres maladies mentales.

Les chercheurs continuent à regrouper les symptômes en syndromes et en maladies, à utiliser les ressources de l'anatomopathologie et de l'histologie pour tenter de découvrir les origines possibles des affections. Malgré tout, les résultats restent décevants, ce qui n'implique évidemment pas qu'il faille arrêter les recherches.

Le postulat organiciste a également évolué en suivant d'autres voies, toujours dans le but d'atteindre les causes du mal. Les progrès de la neurochirurgie ont permis de mieux cerner les conséquences de telle ou telle atteinte du cerveau, mais il est très vite apparu que, même si un petit nombre de malades mentaux étaient porteurs de lésions facilement repérables (voire d'authentiques tumeurs cérébrales), la plupart des maladies mentales ne pouvaient correspondre à des altérations aussi grossières.

Les progrès de la chimie, et surtout la découverte, souvent « par hasard », de médicaments efficaces sur les troubles psychiatriques (antidépresseurs et neuroleptiques), favorisée par l'affinement des techniques d'exploration du métabolisme cérébral, ont entraîné également un travail systématique de recherche de produits nouveaux. Leur efficacité n'est pas douteuse et grâce à eux l'atmosphère dans les hôpitaux psychiatriques se modifie considérablement. Le comportement des malades est amélioré, leur souffrance est atténuée et pourtant, à bien des égards, ce progrès peut donner l'impression d'un glissement de la contention physique à la « camisole chimique ». En outre, la grande question demeure : les lésions repérées ou les troubles du métabolisme sont-ils véritablement la cause ou ne sont-ils pas plutôt les témoins de la maladie ? Le traitement n'a-t-il pas en fait qu'une action suspensive ? L'exemple le plus frappant de ce genre d'interrogation est fourni par le lithium, utilisé dans les troubles de l'humeur : son effet positif est indéniable tant dans les phases aiguës que dans la prévention des rechutes, mais il suffit d'arrêter le traitement pour que les symptômes réapparaissent. Ce qui montre que rien n'a été modifié en ce qui touche la cause du mal. Quant à la génétique, elle s'efforce, par des études statistiques complexes et souvent difficiles à mettre en œuvre, de repérer sinon l'hérédité des maladies mentales, du moins celle d'une prédisposition à tel ou tel type d'affection. Le propos de la recherche serait d'identifier les gênes responsables, ce qui ouvrirait des perspectives de progrès considérables, mais aussi des possibilités de manipulations inquiétantes.

Pour ces types d'approches, strictement médicales, celui qui est désigné malade l'est authentiquement et il n'est que cela. Son discours n'a que valeur de signe, et il n'est donc pas écouté.

II. – L'approche psychanalytique

Ici, en revanche, le discours du malade est entendu, parce qu'il est considéré comme ayant un contenu chargé de sens.

En 1897, Freud a déjà renoncé à l'hypnose comme moyen d'investigation et surtout de suggestion. Maintenant, grâce à une compréhension plus fine du discours de ses patients, il va être amené à renoncer à la théorie de la séduction. Ceci le conduit à la découverte de l'inconscient, et c'est le point de départ du courant psychothérapique. Sans nier l'importance du biologique dans la maladie mentale, il estime que son origine peut être recherchée ailleurs, c'est-à-dire dans les avatars de la libido.

Dans cette approche psychodynamique, le symptôme apparaît comme un compromis entre la pulsion et son interdit. S'utilisant lui-même comme instrument d'investigation, le psychanalyste s'efforce de déchiffrer, par une écoute attentive dans le cadre du transfert, la signification profonde du symptôme. Par cette écoute, par la technique des associations libres, il amène le malade à relier ses troubles actuels à son histoire fantasmatique passée. L'élucidation progressive amène une prise de conscience et « la guérison de surcroît ».

Ce courant a une importance considérable. Il a permis une meilleure compréhension du rôle joué par la sexualité et il est à l'origine de la reconnaissance de la famille comme lieu de conflits, dont le paradigme est le conflit œdipien.

Dans la forme pure de l'analyse, telle que l'a codifiée Freud, la famille du patient, et plus précisément la famille nucléaire, n'apparaît pas dans sa réalité concrète. Ce qui compte, ce ne sont pas les conflits actuels avec des personnages présents mais ce qu'ils représentent comme reviviscence de conflits passés, remaniés dans le fantasme. Il n'est donc pas nécessaire, ni même souhaitable, de demander à la famille une participation active au traitement.

Cette approche reste causaliste, linéaire et soumise au temps. Le symptôme actuel n'est que l'aboutissement d'événements anciens. Ceci a une conséquence pratique : il est essentiel de ne pas se contenter d'un traitement symptomatique. Un symptôme qui disparaît dans de telles conditions réapparaîtra ailleurs. On voit bien ici l'opposition avec le comportementalisme, dont nous parlons ci-dessous.

Après l'approche médicale, l'approche analytique a permis un élargissement considérable de la compréhension de bon nombre de maladies mentales, en particulier les névroses. Mais, outre l'impossibilité où est la psychanalyse de s'adresser à tout le monde et sa réticence à prendre en compte la dimension sociale de la maladie mentale, on doit également reconnaître son échec relatif dans certaines affections, en particulier les psychoses. C'est peut-être la raison pour laquelle quelques tenants de l'approche analytique ne sont pas restés indifférents à l'intérêt actuel pour le contexte familial et qu'ils s'efforcent d'adapter leur pratique à ce nouvel objet thérapeutique.

III. – L'approche comportementaliste et le cognitivisme

Si pour le psychanalyste le symptôme est le témoin d'un conflit intrapsychique encore actif, pour le comportementaliste il n'est pas question de conflit, mais de la persistance d'un comportement acquis dans certaines circonstances. Il se peut que ce comportement ait eu valeur de protection mais, le contexte ayant changé ou le réflexe s'étant étendu, il cesse d'être adapté (« chat échaudé craint l'eau froide »). Il se peut également que le sujet soit incapable de discriminer les stimuli ; dans ce cas le symptôme est la manifestation de son incapacité à réagir. Ce courant prend sa source dans les recherches sur les animaux et en particulier celles de Pavlov puis de B. F. Skinner. La règle de base est (S → R) : à un stimulus correspond nécessairement une réponse. L'objectif du comportementaliste est donc, par des techniques fondées sur l'apprentissage, de faire disparaître la réponse inappropriée, c'est-à-dire le symptôme. Ce qui permet aux tenants de cette approche d'affirmer : « Faites disparaître le symptôme et vous ferez disparaître la maladie. »

Indéniablement, les comportementalistes ont obtenu des résultats, souvent spectaculaires et rapides, dans quelques affections mentales et plus précisément dans les phobies. Mais l'extension du champ d'application de leur théorie, en dehors du fait qu'elle n'a pas entraîné de résultats probants, a soulevé de violentes polémiques. On lui a reproché son zoomorphisme et surtout la possibilité offerte aux pouvoirs publics d'utiliser cette technique comme outil d'oppression[1].

1. « Les gouvernements s'intéressent au comportementalisme. À Moscou on a tenté de remettre les prostituées dans le droit chemin en leur faisant écouter de la musique. Le ministère français de la Santé est attentif à ces méthodes, et le ministère du Travail n'est pas indifférent... » (C. Colombani, *Le Monde,* 21 octobre 1979).

D'autres thérapeutes l'accusent encore plus vivement de ne s'attaquer qu'au symptôme sans aller jusqu'à la cause profonde du mal, au risque de le voir apparaître ailleurs et sous une autre forme. Ainsi le Pr Hochmann a pu dire qu'il s'agit d' « un obscurantisme et d'une nouvelle barbarie »[1].

L'apparition du courant cognitiviste qui se développe à partir des années 1965-1970 permet sans doute de relativiser la querelle. À l'époque, certains comportementalistes remettent en cause le dogme de la règle S-R. Ils considèrent que nombre des techniques qu'ils utilisent sont en réalité des apprentissages cognitifs et estiment possible l'accès à une connaissance scientifique de la cognition, dans ses aspects conscients mais aussi inconscients, sans pour autant tomber dans le mentalisme. Le paradoxe de Bandura qui veut que tout changement de comportement implique un changement cognitif et que, pour obtenir ce dernier, il faille agir sur le comportement est au centre de ce débat dont il résume assez bien l'importance. L'approche cognitiviste est sans doute celle qui, sans la résoudre pour le moment, pose le plus la question des rapports entre l'intérieur et l'extérieur de la boîte noire (cf. p. 24).

Parce qu'ils décrivent l'individu comme davantage en interaction avec son contexte que simplement agi par des conditionnements, les cognitivistes se rapprochent des systémiciens. Parce qu'ils admettent qu'agir sur les cognitions modifie aussi les affects et donc implique de tenir compte de ces derniers, ils sont moins concernés par la critique de superficialité que les psychanalystes font aux comportementalistes.

1. Cité dans l'article ci-dessus.

IV. – **L'approche systémique**

Ces trois approches ont apporté des améliorations sensibles dans la compréhension et le traitement de la maladie mentale. Il n'en demeure pas moins un noyau dur d'affections longues et invalidantes, devant lesquelles le thérapeute est désarmé, et l' « échec » de la psychiatrie a poussé et pousse encore des cliniciens à s'interroger sur leur pratique. Certains poursuivent leurs recherches dans le domaine qui leur est propre avec l'espoir de trouver de nouvelles solutions. D'autres, davantage confrontés aux aspects sociofamiliaux de la pathologie, à des situations de crise et à des détresses psychosociales, s'interrogent. Ils se demandent si le problème est bien posé, s'il est opératoire et licite de faire de la maladie le modèle unique de la souffrance psychique, au risque d'entretenir les troubles que l'on se propose de faire disparaître. Dans ce but, ils ont cherché à voir ce qu'ils avaient négligé dans leurs pratiques et ce que les autres sciences pouvaient leur apporter.

Parmi les oublis évidents, la famille se trouve au premier plan. Dans les approches que nous venons brièvement d'évoquer, elle n'intervient en général que de loin et épisodiquement. Quant aux autres sciences, les thérapeutes y ont trouvé notamment l'explication du mécanisme de feedback et la compréhension de l'organisation circulaire des interactions (cybernétique), une analyse des processus de communication (école de Palo Alto) et la notion de système (théorie générale des systèmes).

Il nous semble, quant à nous, que c'est à partir du point de vue systémique que l'on peut le mieux prendre conscience de la complexité du problème. Si nous l'adoptons, ce n'est pas par soumission à une mode, mais parce qu'il permet un repérage plus subtil de la notion de « maladie mentale » et de son évolution. Nous sommes conscients de ses limites et de ses lacunes, en particulier dans son caractère plus descriptif qu'explicatif, ainsi que dans sa façon de se préoccuper davantage du comment que du pourquoi. Une des grandes questions posées par la pathologie mentale, et qui n'est pas résolue, est celle de la part des rapports entre l'intra-individuel et l'interindividuel : l'entourage est-il perturbé par l'individu malade ou bien est-ce l'environnement qui est source de pathologie chez un individu possiblement normal ?

Les systémiciens tranchent la question des origines de la maladie par un refus de la poser en ces termes. Au nom des interactions, ils se tirent d'affaire en renvoyant la causalité dans le système (« C'est la faute du système »). Le procès entre les individus étant ainsi suspendu, ils peuvent collaborer pour améliorer leurs relations. Personne n'est coupable, même si tous sont complices. Tout est dans la relation, dans l'art de nouer et de dénouer des relations. Par rapport à ce projet, il est de peu d'intérêt de se préoccuper de ce qui se passe dans l'individu. On comprend bien qu'une telle perspective entraîne quelques résistances de la part des tenants de la folie individuelle et l'une des zones de friction est la position respective des uns et des autres en ce qui concerne la « boîte noire ».

Rappelons rapidement de quoi il s'agit. À l'origine, la boîte noire est le « cerveau » du système électronique d'un engin militaire. Il est impossible d'ouvrir et donc d'analyser ce cerveau, qui est piégé pour échapper à toute investigation de la part d'indiscrets. Par la suite, ce terme a servi à désigner la structure interne de tous les appareils électroniques, structure dont la complexité est telle que son utilisateur préfère ne pas s'en préoccuper. Ce qui lui importe, c'est d'être capable d'établir des relations utilisables entre les informations introduites (input) et celles qui sortent (output). En appliquant la notion de boîte noire à l'être humain, il semble normal de dire que les tenants de l'approche médicale, qui s'occupent de l'intracérébral, et les tenants de l'approche psychanalytique, qui s'occupent de l'intrapsychique, travaillent sur le contenu réel ou supposé de la boîte noire et notamment pour les seconds, sur l'actualisation de conflits passés. De leur côté les systémiciens, qui comparent les entrées et les sorties en termes de communication entre différentes boîtes noires, privilégient le comment des interactions sans mettre au premier plan le pourquoi, qui relève de la boîte noire.

On voit que, selon la manière d'aborder ce problème, l'approche du malade mental et de sa famille sera différente, comme le seront les techniques mises en place. Au-delà, selon la perspective choisie, la finalité de la thérapie ne sera pas la même. Il semble que beaucoup des polémiques entre partisans des diverses pratiques proviennent de l'incapacité où ils sont de vérifier d'une manière indiscutable la supériorité d'un point de vue sur les autres et de leur refus d'accepter que ces approches puissent se compléter au lieu d'être exclusives les unes des autres.

C'est ainsi que les psychanalystes reprochent aux systémiciens de ne pas vouloir s'intéresser aux problèmes de transfert/contre-transfert (ou de ne pas en être capables), de procéder à des manœuvres manipulatoires sur la famille et de se contenter d'un comportementalisme à peine amélioré. À l'inverse, les systémiciens les critiquent parce qu'ils ne tiennent pas compte de la réalité présente telle qu'elle peut se lire dans les interactions et parce qu'ils engagent les familles dans des traitements prolongés au nom de présupposés invérifiables.

Chapitre IV

HISTORIQUE

Les thérapies familiales telles qu'elles sont pratiquées actuellement sont l'aboutissement d'un long cheminement au cours duquel :

I : des précurseurs ont ouvert la voie ;

II : un certain nombre de découvertes dans des domaines apparemment sans lien ont convergé pour donner à des chercheurs l'unité qui leur manquait ;

III : quelques écrits ont marqué les débuts réels d'une nouvelle école de pensée et d'une nouvelle pratique thérapeutique.

Nous ne développerons pas en détail les étapes de ce cheminement. Nous nous contenterons d'évoquer les jalons essentiels d'un itinéraire qui est parti des travaux de psychiatres-psychanalystes confrontés aux familles de leurs patients, pour aboutir aux thérapies systémiques. Celles-ci forment à présent le courant principal des thérapies familiales, qui s'éloignent peu à peu de leurs origines pour revendiquer un statut autonome, surtout aux États-Unis. En France, toutefois, quelques psychanalystes s'efforcent de maintenir un courant spécifiquement freudien dans les thérapies familiales.

I. – Les précurseurs

Si le conflit reste vif quant à la préhistoire du mouvement, on s'accorde à peu près unanimement à reconnaître en N. Ackerman le père des thérapies familiales.

En 1937, dans le *Bulletin* de la Kansas Mental Hygiene Society, il écrit « The Family as a Social and Emotional Unit », où il souligne l'importance des rôles familiaux et la façon dont ils peuvent perturber les interactions. Il reste, jusqu'à sa mort en 1971, celui qui aura maintenu le plus sûrement les liens entre le mouvement familial et la psychanalyse aux États-Unis. À partir de cette date les thérapies familiales se rattacheront de plus en plus aux données de la théorie générale des systèmes.

Depuis 1940, la prise en compte de la famille se fait de façon dispersée, chaque auteur étant plus sensible à tel ou tel aspect des relations. Ainsi apparaissent un certain nombre de notions qui vont connaître des fortunes variées et qui, pour plusieurs, sont encore très actuelles. Leur abondance traduit la complexité des problèmes rencontrés. Parmi les principales, il convient de retenir :

1. **La mère pathogène.** – Dès 1943, D. Levy fait un rapprochement entre les troubles du comportement chez un enfant et la surprotection par sa mère. Pour lui, les frustrations affectives qu'elle a subies dans son enfance l'amènent à protéger son propre enfant à l'excès, que cela se fasse de façon autoritaire ou en douceur. C'est le point de départ des travaux sur la mère schizophrénogène, décrite comme dominatrice, agressive, peu sûre d'elle et rejetante. À l'inverse, le père est alors repéré comme passif, indifférent et inadéquat (F. Fromm-Reichmann, 1948). Par la suite, ces études ont été critiquées en particulier parce qu'elles portent sur de trop petits échantillons et que certaines variables (classe sociale, race, religion...) ne sont pas prises en compte.

2. **Le lien symbiotique.** – De nouvelles observations entraînent alors d'autres hypothèses, comme celle du lien symbiotique. Il s'agit ici d'un changement important puisque les recherches mettent davantage l'accent sur les

relations à l'intérieur de la famille que sur les caractères individuels de ses membres. L. B. Hill (1955) considère que la force du lien qui unit la mère à l'enfant malade provient de la conviction ressentie par ce dernier que, s'il allait mieux, sa mère tomberait malade. Il est donc avec elle dans une relation contraignante qui s'oppose à toute évolution positive. Nous sommes ici en présence d'une interaction pathogène, bien plus que d'une influence de la mère seule.

À partir de ces hypothèses, il semble vain de tenter de soigner le malade isolément. Au contraire, les efforts doivent porter sur la famille considérée comme une entité. Le passage d'une relation linéaire à sens unique (qui, quoi qu'en disent les chercheurs, rend finalement la mère responsable et donc « coupable » de la pathologie de son enfant) à une interaction entre deux individus modifie radicalement les rapports des équipes soignantes avec la mère, atténuant ainsi sa culpabilité[1].

3. **Les trois générations.** – Ceci nécessite la mise en place d'une thérapie familiale qui doit se différencier de la thérapie de groupe (C. F. Midelfort, 1957). C'est pourquoi M. Bowen réunit en 1960 des familles avec leurs malades dans une institution où il est possible de les traiter tous ensemble. Cela lui permet d'élaborer l'hypothèse des « trois générations » selon laquelle deux générations successives de parents relativement immatures font qu'à la troisième un des enfants aura un haut degré d'immaturité : ce sera lui le malade. Dans ce contexte, renforcé par ce que M. Bowen appelle le divorce émotionnel (relations conjugales apparemment équilibrées, mais où les sentiments forts ne sont pas par-

1. Le livre poignant de Fredet, *Mais, Madame, vous êtes la mère,* Paris, Éd. du Centurion, 1979, montre bien que cette attitude accusatrice des soignants est difficile à vaincre et encore plus à supporter.

tagés), l'enfant perçoit les sentiments d'anxiété et d'incompétence de sa mère. Chaque étape de sa progression vers l'indépendance provoque une crise chez elle et le force à retomber dans son attitude de soumission. En outre, il devient le lieu du conflit interparental puisqu'il est le seul sujet à propos duquel la communication est possible.

4. **Le père pathogène.** – Dans un premier temps, T. Lidz et son équipe étendent leurs observations de la mère au père. Ils tentent de préciser le rôle de ce dernier dans la genèse de la psychose de l'enfant. Ils aboutissent alors à une classification des pères en cinq types, selon leur soumission plus ou moins grande à leurs femmes, et suivant leurs alliances avec les enfants ou leur hostilité envers eux.

En 1957, T. Lidz constate que l'anxiété apparente de la mère pour son enfant malade est bien souvent en réalité une anxiété relative à son mari. Ceci l'amène aux deux concepts de schisme et de biaiserie dans le couple, par lesquels il rend compte de l'incapacité des deux parents à communiquer réellement. Leurs conflits profonds glissent alors vers les enfants. L'un de ceux-ci se trouve ainsi piégé par des relations qui visent à lui interdire de vivre en dehors de la famille. Persuadés qu'ils ne peuvent s'entendre, les deux parents ont besoin que l'enfant reste là et chacun cherche à se l'approprier par tous les moyens, usant éventuellement de conduites séductrices plus ou moins voilées.

Quand le couple parental est profondément perturbé, chacun étant privé de support dans ses besoins émotionnels, et tous deux entrant en compétition pour s'assurer l'affection exclusive de l'enfant, il y a schisme *(Marital Schism)*.

Dans la biaiserie *(Marital Skew)* un parent, tout en n'étant pas aussi malade que l'enfant désigné comme tel, est cependant franchement pathologique. Mais il y a un accord tacite pour que tous l'acceptent tel qu'il est. L'atmosphère familiale devient alors relativement déréelle et, de ce fait, la perception que l'enfant a du monde est altérée : sa famille « anormale » devient pour lui le modèle du « normal » :

« Le monde tel que l'enfant devrait le percevoir est nié. Les conceptualisations de l'environnement (offertes par ses parents) ne sont pas instrumentales, et n'apportent pas une compréhension consistante du réel, ni la maîtrise des événements, des sentiments et des personnes : les conceptualisations ne se situent pas dans la ligne de ce que les individus expérimentent dans les autres familles. »[1]

5. **Pseudo-mutualité et pseudo-hostilité.** – Très tôt, L. C. Wynne s'est intéressé au milieu familial du schizophrène. Déjà, en 1956, il décrit avec son équipe ces familles comme étant caractérisées par leur fermeture au monde extérieur. Il utilise l'image de la barrière en caoutchouc *(rubber fente)* pour souligner l'étanchéité et l'élasticité de cette frontière à l'intérieur de laquelle la famille peut vivre en tant que sous-culture. Dans cet univers clos, des relations pathologiques apparaissent nécessairement du fait de la structure fermée et en même temps afin de la préserver.

La pseudo-mutualité, par exemple, consiste à attribuer aux membres de la famille des rôles formels qui visent tous à maintenir l'alliance au détriment, s'il le faut, de leur identité. Il va de soi que cette attribution des rôles n'est pas consciente : elle est l'aboutissement de processus qui intériorisent l'idéologie et les mythes familiaux. L'épisode schizophrénique aigu qui marque l'éclatement

1. T. Lidz *et al.*, The Intrafamilial Environment of Schizophrenic Patients, in *American Journal of Psychiatry,* 1957, cité par Boszormenyi-Nagy, *op. cit.*, p. 5.

de la pseudo-mutualité surgit alors comme une tentative d'individuation par le malade, qui se heurte à la volonté de maintenir le statu quo.

En dépit de l'opposition apparente des termes utilisés, la pseudo-hostilité désigne des comportements assez voisins. Elle consiste en une recherche commune, et clairement exprimée, d'un désaccord perpétuel, d'une opposition entre les membres de la famille. Cette fiction permet en fait de ne pas aborder les problèmes réels, de garder à distance l'angoisse que susciteraient des relations affectives rapprochées, et donc de maintenir la distance émotionnelle. Ici encore, toute tentative d'échapper à ce fonctionnement est facteur de crise et susceptible de s'illustrer par une décompensation psychotique.

L'image de la barrière en caoutchouc ne doit pas dissimuler que sa mise en place, aussi bien vis-à-vis de l'extérieur qu'entre les partenaires, entretient les pulsions incestueuses interdites, au moment même où elle est utilisée pour les écarter.

6. **Complémentarité de désir pathologique.** – Ce terme, dérivé de la psychanalyse, sert à Boszormenyi-Nagy en 1962 pour décrire un mode pathologique particulier de relations entre les parents et l'enfant malade. Pour lui, la structure psychique de l'enfant est informée par les désirs de possession inconscients chez les parents. Ils les lui transmettent de façon rigide et il les accepte passivement. Ses besoins de dépendance sont satisfaits, en même temps que sont comblés les désirs de possession des parents.

Cette complémentarité (dans une gratification réciproque) devient une préoccupation constante chez l'enfant qui, dès lors, échoue dans sa quête de l'identité grâce à laquelle il accéderait à une existence indépendante. Pour Boszormenyi-Nagy, la complémentarité de désir pathologique permet de surmonter les sentiments de solitude, d'impuissance et d'isolement. En quelque sorte les parents qui, pour différentes raisons, ont été privés de leurs propres parents (mort, séparation...), cherchent inconsciemment à retrouver dans l'enfant le parent perdu, et ceci d'autant plus que le partenaire est insatisfaisant. Tout ce processus, voisin de ce que Wynne décrit sous le nom de pseudo-mutualité, aboutit à la « parentification » de l'enfant. Cependant Boszormenyi-Nagy insiste sur la différence entre ces deux notions : alors que la pseudo-mutualité traduit une relation creuse et vide, la complémentarité de désir pathologique implique une relation significative, ces deux types de rapports étant l'un et l'autre inadéquats.

Malgré leur disparité, toutes ces hypothèses ont un point commun. Même si les auteurs qui les avancent ne le disent pas toujours, elles renvoient à l'évidence à la problématique œdipienne. Les pulsions qui orientent les désirs de chaque membre de la famille vers les autres ne sont pas contrôlées de façon satisfaisante et épanouissante par rapport à la loi de l'interdit de l'inceste. On retrouve donc dans ces descriptions qui, de ce dernier point de vue, restent actuelles[1], les origines psychanalytiques des thérapies familiales.

II. – Convergences

Les thérapies familiales vont maintenant rencontrer d'autres courants, animés par des chercheurs issus de différentes sciences humaines. De là surgissent de nouvelles interrogations qui ne trouvent pas de réponses immédiates. Pour que tous ces apports s'intègrent de façon satisfaisante, il faudra attendre ce que l'on est convenu d'appeler la « rupture épistémologique ».

1. M.-T. Cariou *et al.*, Conduites para-incestueuses et psychoses, in *Annales médico-psychologiques*, 1980, nº 2.

1. **Le culturalisme.** – Répétons-le, si les travaux de Freud sont centrés sur l'individu, ils ne passent jamais sous silence les éléments familiaux qui servent de cadre au développement d'une psychopathologie, et il est banal de rappeler que la référence fondatrice au complexe d'Œdipe renvoie à une histoire de famille. Certes il s'agit bien de l'individu quand on essaie de comprendre comment il a plus ou moins bien intégré les exigences et les interdits parentaux sans nuire (ou en nuisant) à son propre développement libidinal. Cependant il y a dans cette formulation même tout ce qu'il faut pour montrer la difficulté à envisager l'individu isolé de son entourage immédiat. Si dans sa pratique le père de la psychanalyse ne fait pas appel à l'aide de la famille (le cas du petit Hans est l'exception célèbre), toute son œuvre est une confirmation réitérée de l'importance de cette famille, étant bien entendu que, quand Freud y fait référence, c'est de la famille fantasmatique qu'il s'agit. Toutefois l'accord est loin de se faire sur l'importance qu'il convient d'accorder à l'interinfluence de l'individu et de son entourage naturel.

Certains anthropologues (Malinowski) mettent en doute l'universalité du complexe d'Œdipe alors que d'autres, au contraire, la vérifient (E. Jones) ; d'autres enfin (R. Benedict, M. Mead), sans aller si loin, pensent qu'il est impossible de subsumer toutes les structures mentales sous le modèle freudien et qu'il convient donc de le nuancer. De son côté, Adler insiste sur l'impossibilité où l'on se trouve d'étudier un individu sans faire référence à son environnement. Il va même jusqu'à proposer l'idée que l'individu peut modifier ses structures psychiques par un effort vers une meilleure intégration à son milieu à partir d'une juste estime de soi ; quant à M. Erikson, en proposant la notion d'identité du moi, il insiste sur le fait que l'individu est capable d'évoluer qualitativement en incorporant les normes de son contexte socioculturel. Enfin H. S. Sullivan approche de très près ce qui sera au centre des conceptions systémiques des thérapies familiales quand il prétend que ce n'est pas l'individu qui est malade mais la structure relationnelle dans laquelle il vit.

2. **Les recherches sur les petits groupes.** – Bien que la famille soit le groupe primaire par excellence, on doit constater que les chercheurs qui se sont intéressés à la dynamique des petits groupes à partir de la deuxième guerre mondiale ont préféré travailler sur des groupes artificiels créés pour la circonstance *(T. Groups),* que ce soit en entreprise, dans l'institution ou ailleurs. On s'est interrogé sur cette mise à l'écart de la famille, et Y. Castellan propose quelques réponses : difficulté d'une prise de conscience parce que nous vivons au sein d'une famille ; contaminations dues au fait que l'interprète « effectue une transposition à partir de sa propre expérience familiale » ; impossibilité de trouver un terrain favorable à l'observation, qui est vaine *in situ*[1] et qui ne peut être que faussée en laboratoire ; complexité des interrelations entre les sous-groupes qui les rendent difficilement identifiables, etc.[2]. Bien que ces raisons paraissent objectives, on peut toutefois se demander si elles ne correspondent pas aussi à la rationalisation d'un tabou culturel faisant de la famille un lieu privé (« le linge sale se lave en famille »).

Deux courants animent la recherche sur les petits groupes, mais nous rappellerons d'abord brièvement l'œuvre de J. L. Moreno, parce qu'elle est l'une des plus anciennes et qu'elle participe en fait des deux.

1. On peut se demander quelle est la validité des recherches de J. Henry (1961), passant plusieurs jours dans les familles d'enfants psychotiques, ainsi associées à la recherche.

2. Y. Castellan, *La famille du groupe à la cellule,* Paris, Bordas, 1980, p. XI.

A) J. L. Moreno, dont la carrière s'est essentiellement déroulée aux États-Unis, a rompu avec le psychodrame l'isolement dans lequel la psychanalyse maintient le malade pendant la cure. L'élaboration de cette technique grâce à laquelle le malade peut reconstituer, à l'aide d'auxiliaires, la constellation où est née et s'est développée sa névrose, instaure un nouveau type de relation avec le thérapeute. Par l'intermédiaire du jeu apparaît tout un système d'interrelations qui rendent possible l'analyse du cas.

De même, J. L. Moreno a été sensible au processus de communication et aux conséquences de son mauvais fonctionnement. Il a introduit dans ses analyses les techniques sociométriques qui visent à mesurer les relations entre les membres d'un groupe restreint et des concepts tel que le « télé », qui était pour lui « une communication réciproque, ouverte, réelle, qui comprend le transfert et l'empathie, et qui serait facteur de la cohésion des groupes ». C'est également « la plus petite unité de sentiments sociaux mesurés par les tests sociométriques »[1].

B) *La psychologie sociale.* – Les recherches menées par les sociologues, psychosociologues, cliniciens, anthropologues, etc., visent à mieux connaître les propriétés des petits ensembles d'individus en relation de face à face. Les finalités des chercheurs sont multiples. Certains ont des objectifs pratiques tels que la gestion des hommes (entreprises et armée) ; d'autres ont des visées thérapeutiques (Tavistock Institute of Human Relations) ; d'autres enfin se préoccupent essentiellement mais non exclusivement de psychologie sociale expérimentale.

1. A. Ancelin Schützenberger, *Vocabulaire des techniques de groupe,* Paris, Épi, 1971.

Tous ces travaux sur les groupes connaissent une fortune considérable et la mode s'en empare. Partout on veut « faire du groupe » et, de toutes ces expériences centrées sur l'« ici et maintenant », quelques thèmes se dégagent, qui auront leur importance pour les thérapies familiales. Ce sont par exemple les règles régissant la formation des coalitions, l'émergence du leader, ou les fonctions formatrices du groupe avec les moyens dont il dispose pour imposer ses normes.

K. Lewin a une place à part parmi ces chercheurs puisqu'on peut considérer qu'il est à l'origine des travaux de nombreuses équipes orientées vers l'étude de la psychologie topologique, des relations dynamiques entre les individus et leur environnement, des conflits interindividuels, etc. Notons que ses idées ont surtout été introduites en France par les travailleurs sociaux, que les psychiatres se sont montrés réticents et que Sartre l'a taxé de « gestaltisme sociologique » dans *Questions de méthode.*

C) *La psychanalyse.* – Les psychanalystes ne sont pas indifférents aux travaux sur les groupes artificiels. Centrant leur intérêt sur l'inconscient des groupes, ils l'analysent en référence aux topiques freudiennes et essayent de repérer les manifestations de l'Œdipe à travers les jeux d'identification et d'opposition avec le leader. Peu à peu, ils élaborent ainsi une théorie psychanalytique du groupe. Des noms comme ceux de S. H. Foulkes et W. R. Bion en Grande-Bretagne, D. Anzieu et R. Kaës en France émergent parmi ceux qui sont à l'origine de publications importantes et de pratiques répandues.

Il n'est évidemment pas possible d'utiliser sans précautions les recherches sur les groupes artificiels dans le groupe naturel qu'est la famille. L'importance du secret, par exemple, ou l'attachement à l'entité qu'elle constitue pèsent ici très lourd. Pourtant, en tenant compte de ces réserves, certains résultats sont riches de possibilités : le rôle du leader, les coalitions, les réseaux de communication... n'auraient pas été mis en évidence aussi clairement si on s'était contenté d'observer la famille.

D'autres aspects, en revanche, ne sont pas transposables. C'est le cas, par exemple, des interrelations grâce auxquelles la famille peut exprimer ses besoins affectifs d'une manière beaucoup plus discrète qu'un groupe expérimental. En outre, on ne trouve pas dans ce dernier le « lien symbiotique » qui fait que les éléments de la famille restent ensemble « qu'ils s'aiment ou pas ». Il est toujours possible de se retirer d'un groupe artificiel quand les pressions sont ressenties comme trop fortes ; ce qui n'est pas le cas dans une famille, où cependant les demandes d'amour sont généralement beaucoup plus appuyées, ainsi que les menaces de retrait de cet amour. De même les techniques de culpabilisation y sont particulièrement efficaces. Tout ceci complique l'accès d'un étranger au réseau de communications à l'intérieur de la famille où les codes ne sont accessibles qu'à certains et les informations réservées à quelques-uns.

3. **La phénoménologie.** – Par sa volonté de présenter les choses en évitant toute conceptualisation, la phénoménologie a permis à certains auteurs de décrire le monde de leurs patients avec une grande fidélité et de dégager ainsi la notion d'être-dans-le-monde et d'être-pour-autrui. On doit à L. Binswanger les descriptions cliniques les plus complètes et le cas de Suzan Urban est resté un modèle d'analyse phénoménologique existentielle (1952). Binswanger a bien perçu les influences réciproques entre le sujet et son environnement familial et il a exactement repéré le poids de ce contexte, mais il faut attendre R. D. Laing pour que le réseau familial soit véritablement interpellé. Laing se place délibérément dans l'optique phénoménologique, en soulignant tout ce qu'il doit à l'œuvre de Sartre, et nous avons vu la place qu'il a tenue dans la poussée an-

tipsychiatrique. On lui doit un certain nombre de descriptions pertinentes, comme celle de la « position intenable » : le sujet réputé schizophrène apparaît comme tel du fait de la stratégie particulière qu'il adopte pour échapper à une situation rendue insupportable par des pressions et des exigences contradictoires en provenance de lui-même et de son entourage. L'important ici, du point de vue des thérapies familiales, est que cette position intenable ne peut être repérée si l'on s'obstine à observer séparément les différents individus concernés.

Ses contacts avec les premiers travaux de l'école de Palo Alto renforcent Laing dans son idée et lui permettent de mieux analyser les relations qui amènent le sujet à un conflit indépassable entre son être-pour-soi et son être-pour-autrui. On comprend alors qu'un homme, quel qu'il soit, soit incapable à la fois d'être et de ne pas être et qu'il n'ait d'autre choix que de « devenir fou ». On comprend également pourquoi une telle interprétation de la folie a entraîné l'adhésion de ceux pour qui toute institution sociale est aliénante et pourquoi elle a soulevé des protestations aussi vigoureuses de la part de la psychiatrie traditionnelle.

III. – **La rupture épistémologique**

Elle est due à des recherches diverses qui, grâce à G. Bateson (1904-1980), se regroupent en une synthèse qui va modifier radicalement l'approche de la maladie mentale. Anthropologue de formation, G. Bateson écrit *Naven* en 1936 ; ce n'est pas seulement le récit de ses expéditions en Nouvelle-Guinée, car on y trouve des réflexions épistémologiques en particulier sur les facteurs de changement que sont la schismogenèse symétrique (différenciation égalitaire et compétitive) et la schismogenèse complémentaire (hiérarchique).

En 1942, sa rencontre avec la cybernétique (N. Wiener

et J. von Neumann) lui permet d'aller plus loin dans ses hypothèses :

« En écrivant *La cérémonie du Naven,* j'étais arrivé au seuil de ce qui plus tard allait devenir la cybernétique : ce qui me manquait pour le franchir était le concept du feedback négatif. »[1]

Intégrant alors à ses réflexions la théorie des types logiques de B. Russel, il parvient à étudier les phénomènes de changement selon cette perspective hiérarchisée.

Persuadé qu'il est sur la voie d'une théorie heuristique applicable à la fois à la sociologie et à la psychiatrie, Bateson s'intéresse alors aux alcooliques et aux schizophrènes. Alors qu'il travaille au Veterans Administration Hospital de Palo Alto, il se consacre à l'étude des processus de communication avec une équipe de chercheurs issus de divers horizons, tous influencés par les travaux de M. Erickson. En 1956, avec Don D. Jackson, J. Haley et J. Weakland, il publie un article « Toward a theory of schizophrenia »[2].

Dans cet article, repris unanimement dans tous les ouvrages sur les thérapies familiales, Bateson donne pour la première fois une théorie complète de la schizophrénie fondée sur les troubles de la communication dans une famille considérée comme un système. L'importance de ce texte n'échappe à personne et il devient nécessaire de se situer par rapport à cette théorie, soit qu'on y adhère ou qu'on la rejette.

P. Watzlawick résume ainsi l'apport considérable de G. Bateson à la problématique des thérapies familiales systémiques :

« Tandis que le psychiatre est formé à approcher les phénomènes de la "folie" avec un modèle scientifique, avec une théorie toute faite *a priori,* l'anthropologue procède de façon

1. *Vers une écologie de l'esprit,* Paris, Le Seuil, 1977, t. 1, p. 7.
2. *Behavioral Science,* octobre 1956.

opposée : il entre dans une culture étrangère avec un minimum de préconceptions, il observe “objectivement” ce qui se passe dans cette culture pour arriver à une compréhension plus juste de la dynamique des processus internes de communication. C’est cette méthodologie que Bateson a appliquée aux phénomènes dits psychiatriques. »[1]

Après 1956, le courant systémique prend une ampleur considérable. Il reçoit alors le soutien d’un psychanalyste de renom, H. F. Searles, qui travaillait auprès des psychotiques à Chestnut Lodge (Maryland). En 1959, il publie un article « The effort to drive the other person crazy »[2], où il écrit notamment :

« D’après mon expérience clinique, l’individu devient schizophrène, en partie à cause d’un effort continu – largement ou totalement inconscient – de la ou des personnes importantes de son entourage, pour le rendre fou... L’instauration de toute interaction interpersonnelle qui tend à favoriser un conflit affectif chez l’autre... tend à le rendre fou (c’est-à-dire schizophrène). »[3]

On voit le rôle important que H. Searles attribue à l’entourage, et donc à la famille, dans la genèse de la maladie mentale, et pourtant il reste à l’écart du mouvement systémique. Certes il n’hésite pas à parler de « notre enthousiasme pour cette nouvelle approche thérapeutique »[4], mais il continue à s’attacher au pourquoi (« Les motifs sous-jacents à l’effort pour rendre l’autre fou »), alors que les systémiciens se limitent au comment. D’autre part, il éprouve une gêne certaine devant la no-

1. *Le Monde,* 27 novembre 1983.
2. *British Journal of Medical Psychology,* 32, 1, 1959.
3. *L’effort pour rendre l’autre fou,* Paris, Gallimard, 1977, p. 155 et 157.
4. Les contributions du traitement familial à la psychothérapie de la schizophrénie, *in* Boszormenyi-Nagy et Framo, *op. cit.,* p. 384.

tion de « malade désigné », tout en admettant le point de vue des tenants de la thérapie familiale[1].

Dorénavant, à partir des années 1956-1959, les deux courants, systémique et psychanalytique, vont cohabiter dans les thérapies familiales.

1. Id., n. 1.

Chapitre V

LES THÉRAPIES FAMILIALES SYSTÉMIQUES

Elles trouvent leur origine dans les travaux de l'école de Palo Alto, à laquelle nous avons plusieurs fois fait allusion. Cette école regroupe un certain nombre de chercheurs qui, pendant plusieurs années, ont mis en commun leurs travaux, malgré leurs orientations différentes. Deux équipes surtout la composent. La première, autour de G. Bateson au Veterans Administration Hospital, se compose vers 1950 de Don Jackson, J. H. Weakland et J. Haley. La seconde, à partir de 1958, travaille avec Don Jackson, qui vient de fonder le Mental Research Institute. À ses débuts, elle comprend V. Satir, P. Watzlawick, rejoints en 1962 par Haley et Weakland. La doctrine de l'école de Palo Alto s'appuie sur la théorie générale des systèmes d'une part et sur ses propres études sur la communication de l'autre. À partir de là vont s'élaborer de nombreux concepts opératoires couramment utilisés en thérapie familiale.

I. – La théorie générale des systèmes

Nous ne rappellerons ici que les éléments de la TGS qui concernent directement les thérapies familiales.

1. **Systèmes ouverts.** – En 1950, L. von Bertalanffy fait paraître *An outline of general System Theory.* Il y explique les règles qui régissent le fonctionnement de tous les systèmes, qu'ils soient biologiques, économiques, mé-

caniques ou informatiques (et qui permettent de considérer la famille comme un système). La définition qu'il propose est la suivante :

> « C'est un ensemble d'éléments interdépendants, c'est-à-dire liés entre eux par des relations telles que, si l'un est modifié, les autres le sont aussi et que, par conséquent, tout l'ensemble est transformé. »[1]

Un système peut être divisé en sous-systèmes et appartenir lui-même à un sur-système. Retenons également que si, en physique, il est possible de concevoir des systèmes clos, donc sans échanges avec leur environnement, ce n'est pas le cas avec les organismes vivants qui constituent des systèmes ouverts.

Propriétés des systèmes ouverts :

– Un système ouvert constitue un tout cohérent et indivisible, ce qui signifie qu'il est plus que la somme de ses éléments (principes de totalité et de non-sommativité).

– Les relations dans un système ouvert ne sont pas linéaires et unilatérales, elles sont circulaires du fait des rétroactions (feedback). Il n'y a donc pas de causalité au sens habituel du terme dans l'enchaînement des interactions : le schéma A → B → C devient :

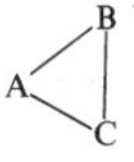

– L'état actuel du système peut être le résultat d'interactions d'origines différentes (principe d'équifinalité).

– Toute action susceptible de modifier le système met en place des rétroactions négatives qui s'opposent à cette modification (aptitude à l'homéostasie).

1. *Théorie générale des systèmes,* Paris, Dunod, 1973.

– À l'inverse un système est capable de se modifier dans certaines circonstances pour conserver son identité tout en s'adaptant au changement qui lui est imposé (aptitude au changement).

– Tous les systèmes ne sont pas également aptes à réguler leurs relations internes et externes de façon satisfaisante. Certains sont rigides, et donc susceptibles de rupture, et d'autres sont souples et par conséquent mieux à même de se prolonger.

– Ils possèdent une frontière plus ou moins perméable aux apports de l'environnement, des éléments et un réseau relationnel. Les entrées et les sorties matérialisent les rapports entre le système et son environnement. Ils sont organisés de façon structurelle et fonctionnelle.

Deux points encore sont à retenir. Le premier est qu'un système clos est agi par l'entropie (dégradation de l'énergie) et qu'il est donc condamné, alors que le système ouvert se maintient grâce à des apports de néguentropie (augmentation du potentiel énergétique) à partir de l'extérieur. Ce que B. Rybak exprime par la formule :

> « Un ordre quelque part se maintient par succion d'ordre ailleurs, c'est-à-dire que le prix d'un certain ordre est l'établissement d'un certain désordre. »[1]

Les systèmes doivent être en relations pour survivre et ils se perturbent mutuellement par ces relations indispensables.

L'autre point est relatif à la complexité du système. La logique cartésienne vise à la simplification par la réduction d'un ensemble à ses éléments les plus simples (deuxième précepte) ; en revanche, pour la systémique, il est nécessaire de considérer le système dans toute sa

1. *Encylopaedia Universatis,* article : « Logique des systèmes vivants ».

complexité, quitte à ne pouvoir tout comprendre. La complexité est une dimension essentielle du système.

2. **La famille comme système.** – D'après ce qui précède, la position de l'école de Palo Alto semble légitime : la famille apparaît comme un système ouvert. Elle est autre chose que la somme des individus qui la composent et qui sont en interrelations constantes. Ces interrelations, circulaires, sont orientées vers le maintien de l'homéostasie du système familial. Elles sont propres à chaque famille et sont liées à son histoire, à ses mythes, à sa culture. À l'intérieur de la famille, les affects, les jeux de pouvoir, les désirs, les pulsions, etc., sont à l'arrière-plan d'un flux d'informations qui assaillent les partenaires. Ils organisent des relations plus ou moins souples entre eux, ainsi qu'avec les systèmes voisins et les « sur-systèmes » dont la famille est un élément (village, quartier...). Cette organisation est harmonieuse ou non, en fonction de la perméabilité des frontières du système et de sa flexibilité. Chaque membre de la famille est en soi un sous-système, élément du système familial. Celui-ci est à l'interface individu/société et constitue « une institution sociale biologiquement nécessaire, qui sert de médiatrice entre les objectifs biologiques et culturels de la formation de la personnalité »[1], objectifs qui doivent être bien clairs, ce qui explique l'importance capitale du problème des frontières entre les individus et à la périphérie. En outre, la famille est un système à durée relativement longue (ce qui a permis la théorisation de M. Bowen sur « les trois générations »). Enfin la famille constitue un système relativement simple en elle-même, et la complexité des problèmes qu'elle soulève provient davantage

1. T. Lidz, The family and human adaptation, in *Three Lectures* (1963), New York, International Universities Press. Nous y ajouterons le domaine affectif.

de celle de ses sous-systèmes (individus) et du sur-système (société).

En thérapie, il ne s'agit pas de considérer le système familial comme une boîte noire sous prétexte qu'on l'a entouré d'une frontière imaginaire. Il importe de considérer chaque individu comme un sous-système et une boîte noire au sein du système familial. Dans cette hypothèse, le thérapeute systémicien peut concentrer ses efforts sur les communications entre les sous-systèmes, son objectif étant de les améliorer au bénéfice de la famille tout entière. En revanche, le thérapeute psychanalytique s'occupe des différentes boîtes noires considérées séparément.

Même si le recul est modeste et si les preuves scientifiques sont encore insuffisantes, la pratique montre déjà que l'approche familiale apporte des améliorations assez significatives pour que les thérapeutes et les familles ainsi traitées y trouvent des satisfactions. D'autre part, elle ouvre des perspectives d'espoir dans un domaine où la chronicité reste trop souvent la règle. Étant bien entendu qu'il convient de s'interroger sur la nature de l'attrait qu'exerce sur certains le fait de travailler « en famille ».

II. – La théorie de la communication

À partir du moment où on se met à observer des interactions familiales, on ne peut se tenir à l'écart des découvertes des théoriciens de la communication, et surtout de ceux de l'école de Palo Alto à qui on doit l'approfondissement de notions déjà connues et la mise au point de nouveaux concepts. P. Watzlawick, qui a longtemps été le porte-parole de l'école de Palo Alto, tire des schémas communicationnels cinq axiomes que nous allons résumer.

1. **On ne peut pas ne pas communiquer.** – Même le refus de communiquer est une communication puisque

tout comportement est une communication. La tentative d'échapper à cette règle entraîne des conséquences psychopathologiques. On peut essayer de rejeter la communication (« Je ne veux pas vous entendre »), ce qui va entraîner une gêne entre les interlocuteurs ; on peut l'accepter sous la contrainte, et le climat de l'interrelation devient hostile ; on peut faire semblant de communiquer en « noyant le poisson », et la rencontre baigne dans un flou désagréable ; on peut enfin rompre la communication en prétextant un symptôme (sommeil, migraine...). Dans tous les cas il s'agit de disqualifier la communication et cependant elle a eu lieu. Ce type de conduite est banal dans la vie quotidienne, mais elle peut, dans certaines familles, devenir une règle et rendre la communication dysfonctionnelle, donc pathologique/pathogène.

2. **Aspects.** – Chaque communication a un double aspect, indice et ordre, tel que le deuxième englobe le premier. L'aspect indice renvoie au contenu du message, alors que l'aspect ordre définit la façon dont il doit être interprété. L'ordre précise la relation entre les locuteurs et appartient donc au registre de la métacommunication (l'enfant qui fait semblant d'avoir l'air navré pour dire « j'ai eu un zéro » (indice) et qui ne peut s'empêcher de rire (ordre), le deuxième message disqualifiant le premier).

La confusion et la contamination entre les deux aspects du message entraînent des malentendus lourds de conséquences dans certains contextes familiaux.

3. **Ponctuation.** – Les communications apparaissent de prime abord comme une suite ininterrompue d'échanges. En fait il n'en est rien. Chaque locuteur organise son discours selon ce que Bateson appelle « la ponctuation de la séquence des faits », grâce à laquelle il

aura l'impression de répondre à un stimulus émis par son partenaire, qui aura lui-même une impression identique. Si chacun reste sur ses positions et refuse d'accepter la ponctuation introduite par l'autre, le malentendu va s'installer. Ainsi la séquence émise par le mari : « Je bois parce que tu es frigide », c'est-à-dire selon une ponctuation qui est claire pour lui, correspond à la séquence de la femme : « Je suis frigide parce que tu bois. » L'incapacité à ponctuer correctement les interactions entraîne une « suite infinie alternée », à la recherche de celui qui a commencé (c'est-à-dire du coupable). Tant que les deux partenaires ne parviennent pas à métacommuniquer sur leurs échanges et constater qu'en fait ceux-ci n'ont pas de commencement réel, la ponctuation des séquences reste mal comprise. Une telle erreur réitérée induit souvent des réactions de rejet fondées sur la « culpabilisation » de l'autre et révélatrices d'un grand désarroi personnel[1].

4. **Modes.** – Dans les communications, l'homme utilise à la fois le mode digital et le mode analogique. Le premier correspond au langage verbal composé d'unités repérables en référence à un code (mots, phrases...). Il est abstrait et précis, il s'articule selon une syntaxe mais manque d'une sémantique appropriée à la relation. Il sert essentiellement à l'information sur les objets. Son aspect indice l'emporte sur son aspect ordre.

À l'inverse, la communication analogique évoque la chose ou l'affect par une mimique, une gestuelle signifiantes. Ce langage est particulièrement adapté à la rela-

1. Dans l'exemple cité, la différence dans la ponctuation peut assez facilement s'expliquer par des psychopathologies individuelles, mais il n'est pas inconcevable qu'elle puisse s'instaurer plus ou moins « par hasard », en fonction des bagages culturels hétérogènes des partenaires, par exemple ; chacun étant « sûr » de sa bonne foi, le ton peut monter rapidement.

tion (aspect ordre) pour laquelle il dispose de la sémantique. Son inconvénient est d'être dénué d'une syntaxe appropriée, qui permettrait une définition non équivoque de la nature de la relation. Ainsi il ne dispose pas de la possibilité d'exprimer la négation, sauf en réponse à une question, ce qui lui interdit, par exemple, d'exprimer le message : « Je ne te veux pas de mal. »

Ces deux modes communicationnels permettent une complexification du message, mais ils peuvent être à l'origine de malentendus, surtout s'il y a ambiguïté quant à leur congruence.

5. **Symétrie et complémentarité.** – Les réflexions de Bateson sur la schismogenèse ont permis de poser le principe que « tout échange est symétrique ou complémentaire, selon qu'il se fonde sur l'égalité ou la différence ». Dans une communication symétrique, les locuteurs adoptent un comportement identique en gravissant un échelon à chaque échange (la course aux armements). Dans une communication complémentaire, le comportement d'un des partenaires satisfait l'attente de l'autre, et la relation dyadique prend l'aspect d'un échange entre dominant et dominé (enfant tyrannique et parents démissionnaires, couple sado/masochiste).

Pour qu'une communication soit de bonne qualité, il est nécessaire de ne pas s'enfermer dans l'un ou l'autre de ces registres. Dans le cas contraire, la relation devient vite pathologique.

Ces axiomes définissent les caractères de toutes les communications humaines. Celles-ci ne sont harmonieuses que s'ils sont respectés spontanément par les individus, qui ne reçoivent alors que des messages congruents. La souplesse adaptative de partenaires utilisant les ressources des différents canaux communicationnels, analysant les rétroactions à leurs comportements, et réagissant à leur tour à ces rétroactions, permet alors de satisfaire aux différentes fonctions du message[1] et donc de réduire l'incertitude chez chacun des locuteurs.

Il va de soi, heureusement, que tous ces mécanismes, essentiellement inconscients, peuvent s'accommoder d'un certain nombre d'erreurs. Ils ne prennent un tour pathogène que dans certaines circonstances particulières. C'est ce qui se passe, par exemple, dans la disqualification. Toute communication est en même temps proposition d'une image de soi. Or, au lieu de confirmer cette image, le destinataire du message peut la rejeter par des transgressions plus ou moins conscientes des axiomes communicationnels, ce qui aboutit à une véritable négation de l'émetteur comme sujet parlant (cf. *L'effort pour rendre l'autre fou,* de Searles). Ce type de comportement « disqualifiant » peut concerner tous les membres de la famille et prendre un caractère stéréotypé. Ailleurs, c'est le système plus que les mécanismes qui est trop rigide et ne laisse aucun espace de jeu.

Dans certaines familles, la non-perméabilité des frontières, le recours permanent à des communications disqualifiantes créent une atmosphère délétère, où peuvent se développer des paradoxes serrés.

6. **Les paradoxes.** – Un paradoxe est pour le dictionnaire « une opinion qui va à l'encontre de l'opinion communément admise » (Robert). Le mérite de l'école de Palo Alto est d'avoir, à travers son étude sur la communication et les systèmes, repéré l'importance des paradoxes dans les relations humaines et d'avoir démontré que ces derniers, en tant qu'ils représentent le choc de deux propositions exclusives, sont fondamentaux dans les communications pathologiques. Dans cette perspective, les paradoxes sont vus pour ce qu'ils sont réellement : « Des raisonnements où l'on n'arrive pas à déceler

1. Cf. R. Jakobson, *Problèmes du langage,* Paris, Gallimard, 1965.

quelque faute de logique et qui cependant aboutissent à une conclusion qui contredit les prémisses, ou encore qui justifient deux conclusions contradictoires entre elles. Exemple : je mens. »[1]

Dans *Vers une théorie de la schizophrénie (op. cit.),* Bateson et son équipe décrivent et analysent une forme particulièrement pathologique de transaction paradoxale entre des individus d'une même famille, qu'ils ont appelée la double contrainte ou double lien *(double bind).* Dans cette première publication, ils remarquent sa fréquence élevée dans les familles à « transaction schizophrénique ».

Dans le double lien, deux personnes ou plus (dont l'une se présente comme la « victime ») sont impliquées de façon répétitive. Pour que le double lien soit pathogène, il faut que la « victime » ne puisse en aucun cas échapper à la relation et qu'elle soit en même temps obligée de percevoir les messages émis et d'y répondre précisément. Du côté de « l'inducteur », le message émis est structuré de telle façon que, selon Watzlawick :

a) il affirme quelque chose ;
b) il affirme quelque chose sur sa propre affirmation ;
c) ces deux affirmations s'excluent.

Quand le message est une injonction, il faut donc lui désobéir pour lui obéir. On aurait ainsi une situation du type de celle où un parent dit à son enfant :

a) « Tu peux faire ce que tu veux cet après-midi » ;
b) « Tu sais bien que je n'aime pas te voir courir les rues, et que je me fais du souci. »

À quoi il peut ajouter : « Maintenant tu fais ce que tu veux. » L'enfant peut alors se sentir coupable s'il profite de la liberté qui lui est accordée, et malheureux s'il obéit

1. *Encyclopaedia Universalis.*

à la demande implicite de rester à la maison. D'autre part, sa situation de dépendance lui interdit de métacommuniquer et de faire remarquer l'absurdité de ces deux propositions contradictoires. La répétition de messages du même type va l'amener à adopter un comportement que les autres ne comprendront pas. Il pourra à ce moment être considéré comme malade alors qu'il est simplement le porteur incompréhensible d'un message absurde que personne dans la famille ne sait décoder.

Il ne s'agit pas pour les auteurs de prétendre que la double contrainte induit la schizophrénie, mais de faire remarquer que, quand un individu se trouve sans cesse confronté à cette situation communicationnelle, son comportement correspond aux critères de la schizophrénie. Sa réaction est donc une conduite paradoxale qui va mettre à son tour son interlocuteur dans une situation de double contrainte.

La double contrainte se différencie de l'injonction paradoxale en ce que la première autorise un choix (aux risques et périls du destinataire du message) entre deux propositions contradictoires, la seconde quant à elle n'est constituée que d'un seul ordre qui contient en lui-même sa propre contradiction, et auquel on ne peut donc que désobéir, sauf à métacommuniquer, ce que la dépendance interdit (ex. : « Soyez spontané ! », ou, à l'armée : « Prenez des initiatives ! »).

Ce qui précède montre la complexité des transactions entre les humains, et peut-être plus particulièrement dans la famille, où les liens sont plus serrés et les enjeux affectifs plus sérieux. Normalement une communication a une fonction de liaison entre les individus, mais elle devient pathologique lorsqu'elle se pervertit par l'usage répété de paradoxes. Ce qui arrive chaque fois qu'il y a désir de ne pas communiquer et/ou méconnaissance du code de l'autre. Le résultat va se situer à deux niveaux, collectif et individuel.

– Au niveau collectif, du fait que la communication n'aboutit pas à une réduction de l'incertitude, chacun se lance à la recherche de solutions qui ne font qu'aggraver les malentendus.

– Au niveau individuel, « ne pouvant ni quitter le champ ni ne pas communiquer, le sujet va pouvoir baragouiner, ne rien dire en disant quelque chose, changer de sujet, se contredire, user de phrases incomplètes, commettre des erreurs de compréhension, jouer d'un style obscur ou maniéré, interpréter littéralement les métaphores et métaphoriquement les remarques littérales »[1], ce qui correspond globalement aux symptômes de la schizophrénie.

Parmi les erreurs possibles au cours des interrelations, Watzlawick insiste sur celle qui consiste à rajouter toujours plus de la même chose. C'est ce qui se produit quand on est amené à chercher une solution adaptée (semble-t-il) pour provoquer un changement désiré. Par exemple, on peut tenter de « remonter le moral » d'une personne « abattue » en l'encourageant à « se secouer ». Si le procédé ne marche pas, l'entourage va redoubler d'efforts en répétant ses exhortations, ce qui va culpabiliser davantage le sujet, qui peut glisser dans un sentiment de dévalorisation et d'échec, puis dans la dépression. Ce type de comportement banal a amené les chercheurs de Palo Alto à poser l'hypothèse que, dans un certain nombre de cas, pathologiques en particulier, la solution trouvée pour les résoudre devient source de difficultés : « Le problème, c'est la solution », selon la formule de Watzlawick. Cette constatation provocante interroge vivement le thérapeute. Devant une maladie qui ne guérit pas malgré les traitements, il a plutôt tendance à redoubler les soins et à

1. M. Demangeat et J.-F. Bargues, *op. cit.*

décréter la maladie grave qu'à se poser des questions sur l'adéquation de la conduite thérapeutique (tant au plan individuel que collectif).

III. – Les apports conceptuels et techniques

L'objectif des thérapies familiales systémiques est de transformer la communication pathologique dont nous avons évoqué certains aspects en communication saine. Cependant, avant d'examiner les apports des différents chercheurs, il nous paraît important de voir les principes qu'ils ont en commun.

1. Généralités.

A) *Recadrage.* – Pour modifier un système familial pathologique, il est essentiel de le recadrer. Le principe du recadrage consiste à transformer dans un sens positif la signification d'une situation, donc à déplacer le problème qui, dans son contexte, se définissait comme un mal « immuable ». En ce sens, la description du schizophrène proposée par Watzlawick et l'école de Palo Alto est optimiste, puisqu'elle introduit la possibilité d'un mieux, alors que la définition classique ne s'accompagne que de connotations négatives. Le recadrage n'est pas une interprétation au sens de la psychanalyse, car il ne va pas à la recherche de la signification profonde du symptôme, mais il n'est pas non plus un tour de magie. Simplement, le thérapeute adopte un point de vue qui lui permet d'offrir au sujet désigné comme malade et à la famille qui l'entoure une autre vision des choses qui soit acceptable pour tous. À partir de là, il peut montrer qu'il est possible de modifier les perspectives. L'intérêt du recadrage est de sortir d'une situation bloquée pour accéder à des possibles. D'aucuns ont pu voir là une manipulation, mais il semble que, si le thérapeute « sent » réellement ce qu'il propose, sa sincérité transparaîtra au niveau de l'ordre, grâce à une communication congruente sur le mode analogique.

B) *Modification du contexte.* – Cette fois il ne s'agit plus de sentir le problème, mais de modifier les rapports du patient à la situation. Faire en sorte, par exemple, que si le sujet trouve un malin plaisir à taper sur les nerfs de l'autre (en faisant du bruit), celui-ci déclare tirer un bénéfice de ces manifestations bruyantes, et en redemande (« Faites davantage de bruit, cela me rend service »). Du coup, la situation cesse d'être gratifiante pour le sujet, qui peut changer de comportement. Ici encore, le contexte ne peut être modifié que s'il y a congruence parfaite entre le message verbal (digital) et non verbal (analogique). Dans le cas contraire, on ne peut qu'aggraver le problème. Frapper chez son voisin en demandant d'un ton menaçant : « Vous ne pouvez pas faire plus de bruit ? » n'est pas une modification du contexte mais plus sûrement l'amorce d'une escalade symétrique. Dans cette tentative de modification, le contexte lui-même joue un rôle dont l'importance est telle qu'elle va permettre de repérer d'autres troubles communicationnels associés à l'incapacité à discriminer entre les contextes. En décrivant cette démarche, Bateson a indiqué l'importance qu'a eue pour lui la théorie de B. Russel sur les types logiques.

Tout le problème du thérapeute, à partir de cette infrastructure théorique, va consister à élaborer des stratégies (thérapeutiques) qui devront prendre en compte le fait fondamental que, selon la formule de N. Wiener, les troubles communicationnels ne sont pas palpables : « L'information est information, elle n'est ni matière ni énergie. » Comme le dit Watzlawick : « C'est en cela que réside la différence essentielle entre la psychodynamique freudienne et la théorie de la communication en tant que principes explicatifs du comportement humain. Elles appartiennent... à des ordres différents de complexité... Il y a entre elles une “coupure épistémologique”. »[1]

2. **Les praticiens.** – Le caractère abstrait et aisément codifiable des développements précédents peut donner une impression de facilité, voire de simplicité, qui n’est qu’une apparence. En réalité le thérapeute, comme tout autre individu, baigne en permanence dans un flot de communications qui agissent sur ses comportements sans qu’il en ait vraiment conscience. Il ne faut donc jamais oublier la prégnance du système sur les individus. Les thérapies familiales systémiques ne sont pas l’application de théories extérieures au thérapeute, mais le résultat d’un va-et-vient constant de ce qui est observé à ce qui est ressenti. Les systémiciens ont montré que l’observateur se trouve par la force des choses inclus dans le système qu’il observe et que du coup il le modifie tout autant qu’il est modifié par lui. Il lui faut donc un effort permanent de conceptualisation pour ne pas se laisser entraîner par les mécanismes du système communicationnel familial sur lequel on lui a demandé d’intervenir.

Les praticiens ont donc dû repérer, à l’intérieur des grands ensembles que constituent la théorie générale des systèmes et la théorie de la communication, certains aspects du système familial sur lesquels ils ont bâti leurs pratiques thérapeutiques. Leurs apports sont nombreux et nous ne pouvons les citer tous ici. Cependant quelques noms, associés à des concepts opératoires, se détachent du lot, soit du fait de la personnalité de leurs initiateurs, soit du fait de leur succès auprès des praticiens.

A) S. *Minuchin.* – Pour comprendre les travaux de Salvador Minuchin, il importe de savoir qu’il est né en

1. P. Watzlawick, *Une logique de la communication, op. cit.*, p. 24.

Argentine dans une famille modeste, résidant dans une petite ville où tout le monde était plus ou moins apparenté. Par la suite, aux États-Unis, il a commencé à exercer auprès de familles défavorisées (Noirs et Portoricains). Tout ceci l'a beaucoup marqué et se retrouve dans ses préoccupations au sujet de l'identité et de la déviance.

Il définit sa pratique comme une thérapie familiale structurale parce que, pour lui, une modification de la structure du système est nécessaire pour ouvrir la porte à des changements ultérieurs. Ensuite, puisque le système familial a des propriétés d'« autoperpétuation », les changements amorcés par le thérapeute sont maintenus après son départ par les mécanismes d'autorégulation. C'est là, pour lui, un principe fondamental. Mais, comme la plupart des auteurs, il a senti le besoin de découvrir dans l'homme tel qu'il se le représente le moteur qui dynamise ses interactions. Il l'a trouvé dans l'expérience de l'identité, qui naît du « sentiment d'appartenance et du sentiment d'être séparé » et qui s'élabore dans la famille. Chaque individu appartenant à plusieurs systèmes, le passage permanent de l'un à l'autre organise cette identité qui, pour être nettement définie, doit être confirmée par des patterns transactionnels adéquats et des frontières « claires ».

Les patterns transactionnels sont la répétition d'actes analogues qui sont les régulateurs des comportements des membres dans la famille, et qui constituent un code plus ou moins inconscient, respecté de façon quasi automatique. Par exemple, la répétition de l'injonction : « Mange ta soupe » définit progressivement les rôles respectifs des parents et de l'enfant. De même, la répartition identiquement répétée des tâches familiales aboutit à des transactions qui tiennent du rituel, ce qui nous introduit dans la problématique de la formation des habitudes.

Les frontières sont le résultat des règles grâce auxquelles on sait qui participe à un système ou à un sous-système ainsi que les formes de sa participation. Leur fonction est de protéger le système en tant qu'ensemble différent. Elles sont normalement claires mais il arrive qu'elles soient floues au point d'être enchevêtrées (ce qui pourrait, par exemple, renvoyer à la symbiose mère-enfant), ou rigides au point qu'elles mènent au désengagement (le père prend ses distances par rapport au couple mère-enfant).

Pour Minuchin, quand il y a excès d'enchevêtrement, un stress ressenti par un individu traverse massivement les frontières et toute la famille est touchée. Inversement, quand il y a excès de désengagement, chacun se sent plus libre, certes, mais il lui est alors plus difficile de faire percevoir ses demandes par les autres. Ceci revient à dire que plus les patterns sont rigides et plus les frontières sont imprécises, plus la famille est vulnérable à toutes les agressions. Elle risque alors de se transformer en système clos, avec les conséquences que cela entraîne.

Quand une telle situation commence à se manifester, le premier objectif du thérapeute est de déséquilibrer le système afin de créer les conditions d'un changement. Celui-ci ne surviendra pas sans heurts, mais il appartient au thérapeute de faire en sorte que l'individualité soit préservée et que la réciprocité s'instaure dans des conditions supportables.

L'analyse que Minuchin propose de la structure familiale est relativement simple et son projet thérapeutique semble aller de soi. Néanmoins, on peut s'interroger sur l'insistance que met Minuchin à faire référence à un « modèle de normalité » qui servirait d'étalon pour mesurer la déviance. Ce modèle normatif, obtenu à partir de comparaisons entre familles vivant dans différents contextes culturels, pourrait évidemment ouvrir la porte à toutes les manipulations idéologiques.

B) *J. Haley.* – Il fonde sa thérapie des systèmes pathologiques sur l'étude des relations triadiques. À travers l'étude des mythes (celui d'Œdipe entre autres) et de la littérature il constate que le triangle est l'unité d'observation minimale. Par rapport aux unités supérieures, il est d'une dimension qui reste analysable[1] et il semble constituer une unité « naturelle ». En étudiant les modalités selon lesquelles un triangle devient un système pathologique, Haley débouche sur la notion de triangle pervers. Dans une telle configuration :

- les personnes qui se répondent ne sont pas de la même génération ;
- il y a coalition entre deux personnes appartenant à des générations différentes contre la troisième ;
- la coalition entre ces deux personnes est déniée.

Par « génération », Haley entend « un rang différent dans la hiérarchie du pouvoir ». C'est par exemple l'écart entre les parents et les enfants dans l'ordre des générations humaines, ou entre l'employeur et l'employé dans celui de la hiérarchie administrative.

Dans une famille où les triangulations sont en harmonie il n'y a pas de problèmes parce que, selon l'hypothèse de Haley, le comportement d'un individu tend à s'adapter à son entourage familial de telle façon que ce qu'il fait ou dit dans un triangle ne soit pas susceptible de compromettre un ou plusieurs autres des triangles. auxquels il appartient. Mais si le sujet se trouve au point nodal de triangles en conflits, on comprend qu'il lui soit difficile de satisfaire à toutes les exigences communicationnelles et il n'y a rien d'étonnant à ce qu'apparaissent des comportements qui évoquent la schizophrénie.

1. Dans une famille composée de 4 grands-parents, 2 parents et 2 enfants, soit 8 personnes, 56 triangles sont possibles et chaque membre de la famille se trouve simultanément dans 21 triangles.

Les triangles pervers tendent à se perpétuer, puisque l'insatisfaction qui est à l'origine des coalitions transgénérationnelles (visant à une tentative de changement) « revient à reconduire la situation familiale qui est à l'origine de l'insatisfaction ». C'est le déni des alliances qui les rend perverses et qui les fait durer.

Dans ce contexte, le thérapeute ne peut qu'appartenir à un ou plusieurs triangles. Il lui revient alors de faire en sorte de ne pas se laisser pervertir par cette structure et de clarifier les interactions dans les triangles et entre les triangles.

C) *M. Bowen.* – Dans son article « Theory in the practice of psychotherapy »[1], Bowen explique comment, à la fin des années 1950, il est arrivé à élaborer le concept de « différenciation du soi ». La théorie de Bowen implique deux variables : le degré d'anxiété et le degré d'intégration du soi. Le premier joue un rôle essentiel dans l'évolution du second qui désigne, selon lui, la différenciation plus ou moins grande entre fonctionnement intellectuel et émotionnel chez un sujet. Le système émotionnel s'enracine dans le biologique ; il est du domaine de l'instinctuel et gouverne l'homme de façon assez automatique, beaucoup plus que ce dernier ne le croit. Son fonctionnement peut être dénié ou confirmé par le système intellectuel, lié au cortex cérébral, que l'on retrouve en action dans le langage verbal, mais ce sont les processus émotionnels qui dominent dans l'élaboration des relations. L'articulation entre les deux systèmes se fait au niveau des affects.

Il s'agit ici d'une caractéristique universelle qui permet de classer les individus le long d'un seul continuum. À une extrémité se trouvent ceux dont les émotions et les raisonnements sont si intimement liés que ce sont elles

1. In *Family Therapy,* Londres, Gardner Press, 1976.

qui dominent leurs comportements. Nantis d'un pseudo-moi, ils apparaissent comme rigides et dépendants des réactions de leur entourage. À l'autre extrémité se trouvent ceux qui se révèlent capables de s'adapter aux épreuves ; ils sont beaucoup moins sensibles aux affects d'autrui. Chez les premiers, l'intellect n'est qu'un appendice des émotions qui forment alors un réseau dans lequel ils sont piégés. À l'inverse, lorsque les personnes peuvent contrôler leurs émotions grâce à leur intellect pour faire face à un stress, Bowen parle d'individus « bien différenciés ». Cette conception du fonctionnement individuel est le point de départ de ses théorisations et de sa pratique thérapeutique sur la famille.

Parallèlement, Bowen élabore sa théorie des triangles qui repose, comme chez Haley, sur l'observation que « le triangle est le plus petit des systèmes stables d'interactions ». Ainsi, dans un système, une dyade peut connaître la stabilité ; mais si le niveau d'anxiété entre ses deux éléments augmente, la dyade implique immédiatement une tierce personne (la plus vulnérable du reste du système, un enfant par exemple) pour atténuer la tension qu'elle ressent. Ainsi se constituent des triangles qui se modifient sans cesse dans le cadre familial, selon les alliances ou les coalitions du moment. Lorsque, pour différentes raisons, ces triangulations ne sont plus possibles, la famille recourt à des individus extérieurs au système (police, assistants sociaux, thérapeutes).

À partir de ces concepts, Bowen établit une série de règles applicables en thérapie familiale. Par exemple, le thérapeute doit être capable de se laisser intégrer dans un triangle tout en contrôlant son fonctionnement. Il doit donc avoir lui-même un moi bien différencié pour ne pas se laisser entraîner par les mécanismes qui, dans un triangle, rendent le plus faible (donc le moins différencié) incapable de se dégager de la relation parce que, justement, il se laisse entraîner par ses émotions.

Il existe des familles, par exemple les familles de type schizophrène, composées de moi indifférenciés. Les interactions ne peuvent donc se faire qu'au niveau des sentiments (ordre) sans que l'intellect (indice) puisse intervenir. Indifférenciés en eux-mêmes, les individus se confondent dans un moi collectif dont la seule limite est la frontière entre le système et l'extérieur.

Bowen décrit en outre un système émotionnel de la famille nucléaire. Il entend par là des structures de fonctionnement émotionnel dans une famille au cours de deux générations. Certaines de ces structures sont la répétition de ce qui s'est passé dans les générations précédentes, et elles peuvent elles-mêmes être reproduites dans l'avenir. Il estime que la transmission de l'indifférenciation va croissant de génération en génération jusqu'à ce que l'une d'entre elles produise un enfant schizophrène, celui que ses disciples appellent « l'enfant triangulé ». Bowen attache beaucoup d'importance à cette prégnance du système émotionnel des générations successives, et il demande de repérer avec beaucoup de soin les « ruptures émotionnelles », ainsi que les « ondes de choc émotionnelles ». Les premières sont en rapport avec des ruptures de liens non résolues (séparations, morts...) et les secondes sont responsables de l'apparition de pathologies variées dans les mois ou les années qui suivent la disparition d'un personnage important de la famille.

Lorsqu'un couple se compose de deux éléments bien différenciés, il y a adaptation réciproque. Mais s'ils ne le sont que faiblement, l'un des deux essaie de s'assurer une position dominante et, s'il y parvient (relation de complémentarité), l'autre adopte une position de dépendance telle qu'il finit pas y perdre son moi. Dans ce type de couple, l'adaptation n'est possible que sous la forme de conflits conjugaux répétés, de maladie de l'un ou de l'autre des conjoints, ou bien encore d'apparition d'une pathologie chez un ou plusieurs enfants. C'est ce que Bowen appelle le « processus de projection familiale », et il ajoute que la transmission de l'indifférenciation à l'enfant se fait surtout par l'intermédiaire de la mère. L'enfant est d'autant plus atteint que les conflits conjugaux sont latents et non reconnus comme tels, tout le poids de l'anxiété des deux partenaires reposant alors sur lui.

Parmi les thérapeutes familiaux, Bowen a une place originale. Son approche est imprégnée de concepts psychanalytiques à partir desquels il a réussi à élaborer simultanément une conception de l'individu et de ses relations avec autrui qui débouche sur des interventions dont le but est d'aider les membres de la famille à se différencier, et donc à renoncer aux relations triangulaires figées. Ainsi il est assez proche du modèle systémique même s'il s'en distingue quelque peu.

D) *Virginia Satir.* – Formée à la psychologie sociale, elle commence à travailler au Mental Research Institute de Palo Alto, et plus particulièrement avec Don Jackson. Par la suite, tout en continuant à faire référence à la théorie générale des systèmes et à la théorie de la communication, elle utilise la notion de « maturation » qui est, pour elle, la clef de voûte de la théorie et de la pratique de la thérapie familiale. Par maturation, elle entend « l'état dans lequel un être humain donné se prend pleinement en charge lui-même »[1].

Un individu mature peut se comporter de façon fonctionnelle car il est capable :

- de se manifester clairement aux autres ;
- d'être en harmonie avec lui-même ;
- de reconnaître et d'accepter les différences, et en particulier de ne pas prendre les autres pour des prolongements de lui-même ;

1. V. Satir, *Thérapie du couple et de la famille,* Paris, Épi, 3e éd., 1971, p. 130, 131 (il s'agit de la traduction de *Conjoint Family Therapy,* 1964).

– d'accepter la responsabilité de ce qu'il ressent et pense ;
– d'avoir enfin des techniques appropriées de communication et de vérification de la bonne réception des messages.

À l'inverse, l'individu immature manque de tout ou partie des qualités précitées, ce qui l'amène, dans des proportions variables, à se manifester de façon incongrue : « Il délivrera des messages conflictuels à tous les niveaux de communication en utilisant des signaux différents. » Pour V. Satir, « la relation conjugale est l'axe autour duquel les autres relations se forment et les partenaires sont les architectes de la famille »[1].

Le défaut de maturation est sensible surtout au niveau du couple parental et les problèmes apparaissent dès le choix du partenaire. Un individu qui manque de confiance en soi a tendance à trop attendre de son futur conjoint, tout en s'efforçant de donner une apparence de force et d'équilibre. Le partenaire, qui manque lui-même de confiance, est attiré par cette apparence sécurisante, tout en dissimulant sa propre faiblesse. Mais à l'épreuve de la réalité, la déception de l'un et de l'autre risque d'être très grande. L'homéostasie se dégrade et toute la famille dépense beaucoup d'énergie pour la maintenir. Lorsqu'elle est altérée, les parents immatures sont incapables de remplir leur fonction vis-à-vis de tel ou tel enfant, chez qui apparaissent les symptômes qui en font le patient désigné. Il s'agit en général de l'enfant qui est le plus troublé par la dysfonction parentale :

> « Ses symptômes sont un message exprimant l'altération de sa propre maturité, conséquence de son essai de soulager et d'absorber la souffrance de ses parents. »

1. Id., p. 14.

Pour V. Satir, l'estime de soi est le moteur des conduites humaines, y compris la conduite sexuelle qui est aussi utilisée afin de la préserver, et sa pratique est cohérente avec ces notions. Le thérapeute se place en position d'expert qui vise à favoriser la maturation de chacun ainsi que la clarification de la communication au niveau de la relation conjugale et de l'ensemble des communications familiales. Il est implicitement entendu que ce thérapeute a lui-même atteint un niveau de maturation tel qu'il lui permet d'être à l'aise dans la famille tout en sachant s'en distancier. Il est donc capable de créer un nouveau contexte où chacun pourra exprimer sa souffrance en étant assuré d'une écoute authentique.

La forte personnalité de V. Satir a été un élément important de son succès. Même si sa théorie de la maturation renvoie à un humanisme naïf et simplificateur, à une conception de l'homme plus béat qu'habité de conflits, elle a le mérite de rendre compte d'une réalité tangible et de permettre une technique cohérente à deux niveaux qui sont en interaction : travail sur les individus pour les faire maturer, ce qui clarifie leurs relations, et travail sur les relations pour les clarifier, ce qui facilite la maturation des individus.

E) *A. Ferreira.* – Associé de recherche au Mental Research Institute, on lui doit la découverte de l'importance des « mythes familiaux », qui sont pour lui :

« un certain nombre de croyances assez bien systématisées, partagées par tous les membres de la famille, concernant leurs rôles mutuels dans la famille et la nature de leurs relations... Aussi criantes de fausseté qu'elles puissent éventuellement paraître à l'observateur extérieur, ces croyances organisées... sont partagées et soutenues... comme autant de vérités dernières échappant à toute critique ou remise en question »[1].

1. Les mythes familiaux, *in* P. Watzlawick et J. M. Weakland, *Sur l'interaction,* Paris, Seuil, 1981, p. 85-86.

Ces mythes organisent des règles latentes dissimulées derrière les habitudes, les clichés propres à la famille. Dans telle famille, le père « ne sait rien faire de ses dix doigts », dans telle autre, la fille aînée est une « vraie petite mère pour ses frères et sœurs ». Cette définition des rôles, auxquels chacun doit se tenir, quelle que soit par ailleurs la réalité des faits, justifie des interactions ritualisées. Leur existence est très économique dans la mesure où la convention les rend incontestables et permet un accord automatique, non conflictuel. À ces rôles correspondent des contre-rôles, définis par rapport au mythe (à « l'alcoolique » correspond « la femme de l'alcoolique »).

Certes, toutes les familles ont vraisemblablement une mythologie particulière mais dans certaines, qui deviennent pathologiques, le poids du mythe est tel que la marge de manœuvre du système est insuffisante. Il devient difficile non seulement de sortir de la répétitivité mais plus encore de faire face à un événement inattendu qui nécessiterait un changement (le fils qui devient délinquant dans une famille où « tout le monde est si correct »).

L'origine du mythe est imprécise : il peut apparaître à la formation du couple, mais le plus souvent il est transmis de génération en génération. Sa fonction est d'assurer l'équilibre de la famille, mais il peut devenir tellement prégnant qu'il atteint des proportions psychotiques et psychotisantes. La volonté de le maintenir à tout prix entraîne alors une rupture de communication avec la réalité extérieure.

De telles familles ne consultent pas pour modifier le mythe, mais au contraire pour trouver un moyen de le préserver. Ferreira insiste donc à juste titre sur la difficulté que le thérapeute éprouve à faire évoluer la famille puisque cela ne pourrait se faire que dans une direction qu'elle refuse.

Ferreira indique lui-même la parenté entre ses travaux et ceux de Wynne à propos de la pseudo-mutualité. L'originalité de son apport est l'idée que le mythe, derrière sa fonction explicative du comportement extérieur des individus, cache leurs motivations véritables. Il est le garant de la survie du système et c'est pourquoi tous ses éléments sans exception sont impliqués dans son maintien. Même ceux qui n'y croient pas trop se sentent tenus de le protéger. Et celui pour qui la règle est trop lourde ne peut y échapper qu'en adoptant des comportements qui vont le faire désigner comme malade.

F) *Mara Selvini Palazzoli.* – Psychanalyste de formation, elle a d'abord travaillé avec les anorexiques mentales à Milan. En 1967 elle opte pour le modèle systémique[1] et fonde le « Centre pour l'étude de la famille ». Avec son équipe elle y réalise une œuvre à la fois théorique et pratique, axée plus particulièrement sur la famille à transaction schizophrénique. L'essentiel de ses découvertes se trouve dans *Paradoxe et contre-paradoxe,* ouvrage paru en Italie en 1975 et qui a connu immédiatement un retentissement considérable en Italie et en Europe.

Pour les théoriciens de Palo Alto (Bateson, Haley) la famille saine se caractérise par son aptitude à définir les relations entre partenaires. En revanche, la famille à transaction schizophrénique laisse apparaître une règle non exprimée qui interdit de définir la relation. Chacun refuse de se définir en définissant la relation et empêche en même temps les autres de le faire.

Toute tentative dans ce sens risquerait en effet de perturber l'homéostase et doit donc être disqualifiée.

Chacun aspire à contrôler la définition de la relation, tout en sachant que s'il essaie de le faire il risque de cons-

1. Cf. son introduction à *Paradoxe et contre-paradoxe,* Paris, ESF, 1978.

tater qu'il ne la contrôle pas. Pour éviter cet échec redouté, il ne dispose que d'un moyen : « Disqualifier sa propre définition dans la relation vite avant que l'autre n'y parvienne. »[1] Il y a là l'amorce d'un jeu sans fin, et si, par les symptômes qu'il manifeste, un membre de la famille fait une allusion à la définition de la relation, ceci provoque un renforcement de la réaction homéostatique, et le met en position de malade désigné.

Face à cette situation, le thérapeute doit occuper ce que M. Selvini Palazzoli appelle un métaniveau, différent de celui de la famille. Dans cette position d'autorité, il est « au-dessus du contenu de l'information donnée » qu'il peut alors intégrer dans le contexte thérapeutique, c'est-à-dire dans l'emploi de la « connotation positive ». Ce qui signifie que le thérapeute approuve toutes les conduites homéostatiques des membres de la famille, malade désigné y compris : « Tout ce que vous faites est bien. »

Grâce à la connotation positive, le thérapeute accède à la neutralité du modèle systémique circulaire, où personne n'est responsable. Du symptôme lui-même, il ne retient que les aspects homéostatiques, en négligeant son aspect allusif et menaçant. Toute la famille a donc le même but et contribue également à l'atteindre. Alors, et alors seulement, le thérapeute peut définir lui-même la relation, sans courir le risque d'être disqualifié pour partialité, et délimiter ainsi un contexte thérapeutique.

À côté de ces notions de métaniveau, de connotation positive et de neutralité, on doit à M. Selvini Palazzoli l'approfondissement et la mise en forme pratique de l'utilisation des rituels et de la prescription paradoxale du symptôme. À la différence de Minuchin qui se préoccupe de la transformation de la structure, on voit qu'elle s'appuie sur l'homéostase pour initier le changement.

1. Id., p. 29. Souligné par l'auteur.

Son autorité et la simplicité apparente de sa stratégie ont fait de M. Selvini Palazzoli un modèle pour beaucoup de thérapeutes.

G) *I. Boszormenyi-Nagy* est celui dont la culture en matière de thérapie familiale est incontestablement la plus vaste. Rompu à la psychanalyse, il est aussi très documenté sur l'approche systémique et l'ensemble de son œuvre est un effort permanent pour lancer des passerelles entre les différentes approches. Nous ne pouvons ici examiner toutes les hypothèses qu'il a formulées et nous nous contenterons de présenter ce qu'il a nommé le « concept de loyauté ». En analysant le système familial, non seulement dans sa dimension horizontale (synchronique) mais dans une perspective verticale (diachronique), il observe que la structure du groupe consanguin est ineffaçable. Qu'ils le reconnaissent ou pas, l'attachement des membres de la famille entre eux est toujours profondément réel, de façon consciente ou surtout inconsciente. La loyauté est l'obligation pour chacun de répondre aux attentes d'ordre relationnel de son groupe familial. Tout se passe comme s'il existait un livre transgénérationnel de dettes et de mérites, et comme si chaque membre de la famille était contraint de participer à son équilibre. Parfois les sujets font preuve d'une apparente déloyauté, mais en fait la loyauté est là, invisible et inconsciente, derrière les manifestations d'un engagement difficile dans les relations. Si, par exemple, un enfant adopte des comportements que ses parents ne supportent pas chez leurs propres parents, la génération intermédiaire peut manifester sa loyauté en ne disant rien à ses parents mais en critiquant l'enfant. Le comportement apparemment déloyal de l'enfant est en fait une manifestation de loyauté.

L'intérêt de cette approche est qu'elle centre l'attention du thérapeute non seulement sur la famille nucléaire mais sur la famille élargie à trois générations ou plus. On constate alors, dans certaines familles où préexistent des difficultés, qu'aux moments cruciaux du cycle vital (mariage, naissance d'un enfant, décès...) apparaissent des décompensations qui ne sont en fait que les signes de conflits de loyauté. Dans la mesure, en outre, où c'est la parenté biologique qui fonde la loyauté familiale et où par conséquent les liens d'alliance ont moins de force que les liens de consanguinité, on conçoit que tout couple qui se constitue peut être confronté très vite à des conflits de loyauté.

En rassemblant la famille élargie, le thérapeute autorise la « rejonction » entre des personnes qui, ne pouvant ouvertement se manifester leur intérêt, étaient obligées de le faire de façon cachée. Parce qu'il introduit la notion « d'éthique relationnelle », Boszormenyi-Nagy est fondé à présenter son approche comme une « thérapie contextuelle ».

H) *G. Ausloos,* quant à lui, s'est attaché à préciser l'importance des secrets de famille. Tout en admettant qu'ils sont par définition difficiles à cerner, il pense qu'ils « remplissent en quelque sorte le fond de la boîte noire ». Le secret est un élément d'information que l'on s'efforce de garder pour soi en évitant d'en révéler le contenu, tant sur le mode digital qu'analogique. Il va de soi qu'un tel comportement retentit obligatoirement dans l'histoire de la famille. Ausloos rappelle à juste titre que l'histoire d'Œdipe est elle aussi associée à des secrets : « Sans secrets... pas de drame et point de mythe. » Plus prosaïquement, mais dans le même registre, on sait bien maintenant à quel point la non-révélation volontaire d'une adoption peut être nocive. En référence au registre de dettes et de mérites de Boszormenyi-Nagy, par exemple, on devine la perturbation que le secret peut provoquer dans le jeu des loyautés. D'autre part le secret permet d'accéder à un pouvoir certain, mais instable, puisqu'il est à la merci d'une révélation. Ceci entraîne une modification du fonctionnement familial car, au lieu de se préoccuper des interactions, on se préoccupera davantage de la protection du secret. Cet état de fait peut être encore aggravé dans le cas d'un secret partagé par quelques-uns par exemple : « Le grand-père était un escroc. » Ceux qui savent interdisent alors aux autres toute allusion à ce qui de près ou de loin touche au grand-père, qui devient un sujet tabou. Par contrecoup, ceux qui ne savent pas sont amenés à supposer qu'il y a un mystère dans la vie du grand-père et de ses proches. La zone du tabou s'étend jusqu'à créer ce que Boszormenyi-Nagy appelle la « stagnation relationnelle ».

Les secrets contribuent de façon dysfonctionnelle à maintenir l'homéostase, et Ausloos estime qu'il y a là un lien avec le mythe familial (cf. Ferreira) ; celui-ci pourrait avoir pour fonction de dissimuler une règle qui découle elle-même plus ou moins directement d'un secret. Il rappelle cette constatation fréquente que des patients désignés psychotiques ont été conçus en lieu et place d'un autre qui est mort. Il arrive qu'ils portent le prénom d'un disparu dont ils ignorent jusqu'à l'existence passée. Secrètement, ils sont chargés de faire revivre l'autre et ne peuvent donc mener une existence propre, bien qu'on le leur demande. Ils sont pris alors dans un double lien inextricable.

L'intérêt de l'étude d'Ausloos est qu'elle permet d'entrevoir l'articulation intrapsychique/interrelationnel, aux confins du systémique et du psychanalytique.

I) *Mony Elkaïm.* – Neuropsychiatre, directeur de l'Institut d'Études de la famille et des systèmes humains à Bruxelles, il a une approche originale inspirée, entre autres, par les théories du chimiste Prigogine sur les comportements des systèmes ouverts à distance de leur point d'équilibre. Dans de tels systèmes, il existe des points de bifurcation à partir desquels les fluctuations, au lieu d'être réduites par des rétroactions négatives au service de l'homéostasie, sont au contraire amplifiées par des rétroactions positives permettant l'installation d'un nouvel état du système.

En référence à ce modèle, il s'agit moins d'aider le système familial à corriger son fonctionnement pour retrouver son équilibre, ce qui est souvent le projet thérapeutique, que de l'amener à trouver un équilibre nouveau. Ceci tout en sachant qu'une demande de changement (« il faut que cela cesse ! ») est souvent en même temps une demande de non-changement (« nous désirons être soulagés de notre problème, mais nous ne considérons pas nécessaire de changer notre façon d'envisager ce problème pour le faire disparaître »). L'accès à un état du système réellement nouveau est obtenu en prenant appui sur ses *singularités* et en les amplifiant. Si les systèmes familiaux obéissent à des règles générales, ils ont aussi des règles particulières absolument spécifiques : les *singularités*. Elles sont discrètes, voire même non verbalisables, et ne sont généralement perceptibles qu'à distance de l'équilibre. Pour les repérer, le thérapeute doit s'affilier à la famille et former avec elle un système thérapeutique dans lequel il se sert plus de son ressenti que de sa compréhension intellectuelle, car c'est seulement en se situant au-delà de ses conceptions théoriques, à l'interface entre sa construction du réel et celle de la famille, qu'il pourra découvrir et vivre les singularités de la famille et, en les amplifiant, ouvrir la voie au changement.

La conception de Mony Elkaïm, qui a aussi travaillé avec le philosophe F. Guattari, est intéressante sur le plan idéologique car elle est la seule dont les présupposés théoriques débouchent sur une pratique qui se veut et se construit explicitement pour être aussi peu normative que possible. En donnant leur place au hasard et la nouveauté, elle permet aux familles de faire preuve de créativité en puisant dans leurs singularités plutôt que d'étouffer ces dernières en privilégiant la soumission aux règles générales. Pour Mony Elkaïm les intervenants qui veulent promouvoir un réel changement ne doivent pas décoder la réalité à partir de « leur seule carte du monde... Carte qui ne permet de reconnaître que ce que l'on connaît déjà. D'où l'aspect fréquemment réducteur et conservateur des experts du changement qui ne peuvent se mouvoir à l'intérieur de réalités nouvelles qu'avec l'aide de cartes anciennes »[1].

J) *Autres praticiens.* – Dans cette liste des apports faits à la théorie systémique, bien des noms ont été omis, et non des moindres. Parmi les plus anciens, nous pouvons citer *C. Whitaker,* psychanalyste que sa méfiance envers les théories pousse à s'impliquer totalement dans ses rapports avec les familles : en effet, au lieu de mettre en scène la famille, c'est sa propre « folie » qu'il présente à la famille pour provoquer un changement. *H. S. Sullivan* également, qui a été l'un des maîtres de D. D. Jackson ; formé par le mouvement culturaliste américain, il a insisté non seulement sur l'importance qu'il y a à étudier les interrelations familiales pour bien comprendre la genèse de la schizophrénie, mais aussi sur la nécessité qu'il y a à réformer la communauté tout entière pour que les communications soient plus aisées entre les individus. *M. H. Erickson* est connu pour ses travaux sur les thérapies brèves et l'hypnose. Doué d'une très forte personnalité, il a exercé une notable influence sur de nombreux chercheurs et non des moindres tels *G. Bateson, J. Haley, J. H. Weakland.* Mort en 1980, il reste une référence

1. M. Elkaïm, Non-équilibre, hasard et changement en thérapie familiale, *Cahiers critiques de thérapie familiale et de pratiques de réseaux,* n° 15, Privat, 1993, p. 121-131.

pour beaucoup. *P.-J. Guérin,* l'un des premiers à avoir perçu l'importance des thérapies familiales ; considéré comme l'un des maîtres du mouvement aux États-Unis, il a travaillé notamment sur les modèles multigénérationnels ; on lui doit en outre des ouvrages grâce auxquels la thérapie familiale s'est fait connaître à travers le monde. *P. Watzlawick,* qui ne s'est pas contenté de diffuser les travaux de l'école de Palo Alto, mais qui a beaucoup fait pour que ceux-ci trouvent leur application dans le champ thérapeutique. *Kitty La Perrière* a aussi contribué, surtout par ses activités de formatrice, à l'extension du mouvement des thérapies familiales aux États-Unis et en Europe, où plusieurs praticiens ont pris le relais. Outre *M. Selvini Palazzoli à* Milan et *Mony Elkaïm* à Bruxelles, il faut mentionner *M. Andolfi* et l'École de Rome avec ses travaux sur les systèmes rigides. Citons également *Sue Walrond-Skinner* en Grande-Bretagne ; *O. Masson* en Suisse et ses travaux avec les familles des milieux défavorisés ; *P. Caillé,* Français installé en Norvège, qui insiste beaucoup sur l'importance, à côté du modèle phénoménologique, du modèle mythique ; en France, on doit à *J.-Cl. Benoît* et à son équipe la notion d'entretiens familiaux élargis et la codification des rapports entre malade, famille et institution ; *S. Angel, J. A. Malarewicz, J. Miermont* et *R. Neuburger* en région parisienne ; *Y. Colas à* Lyon, *E. Trappenniers* et *S. Kannas à* Toulouse et bien d'autres thérapeutes témoignent ou ont témoigné à des titres variés de l'importance acquise par les thérapies familiales systémiques dans notre pays.

Après un demi-siècle de pratique dans des régions différentes du globe et dans des contextes variés, les thérapeutes familiaux qui se réfèrent à l'approche systémique sont assez unanimes pour penser qu'il est difficile de s'en contenter. Dans nombre de cas, il est indispensable de se préoccuper du contenu de la boîte noire pour comprendre la genèse des troubles, même si le traitement des dysfonctions dans les communications peut, quant à lui, reposer uniquement sur l'analyse du « comment ». Et même, pour certains qui s'inspirent du modèle constructiviste, la famille en difficulté serait moins prisonnière d'un système qui s'imposerait à elle comme de l'extérieur que victime de sa propre construction de la réalité en un récit rigide ne permettant pas l'épanouissement de certains de ses membres. C'est dire qu'aujourd'hui le modèle systémique a perdu de son emprise sur ceux qui l'utilisent. Plus conscients de ses limites, ils l'appliquent avec plus de discernement. Désormais la plupart d'entre eux cherchent moins à débloquer un système familial rigidifié ou à mettre une famille en conformité avec le système supposé l'organiser, qu'à aider les membres de la famille à inventer des solutions pour faire face aux problèmes qu'ils ont entre eux sans en créer de nouveaux.

Chapitre VI

LES AUTRES THÉRAPIES FAMILIALES

I. – Les thérapies familiales psychanalytiques

Nous avons été plusieurs fois amenés à constater qu'à l'origine des thérapies familiales on trouve des psychanalystes qui, pour différentes raisons, étaient entraînés à prendre en compte l'entourage du malade mental. En cela, ils s'écartaient de la pensée de Freud qui, même si elle se structure autour des conflits inconscients de la famille nucléaire, n'est pas à proprement parler interindividuelle, puisqu'elle s'applique à se concentrer sur l'intrapsychique. Certains psychanalystes se sont efforcés de modifier leur point de vue en tirant profit de la richesse de l'approche systémique, mais d'autres, en revanche, ont voulu et veulent rester fidèles aux conceptions fondamentales de Freud. En conséquence, il existe toute une gamme d'attitudes qui vont de l'approche exclusivement systémique à l'adhésion totale au modèle freudien.

Ceci nous ramène donc au problème de la boîte noire. Alors que pour les psychanalystes c'est là que se trouve la clef de tous les problèmes, pour les systémiciens son exploration est inutile, car seuls importent les échanges entre boîtes noires. Pourtant les systémiciens, même les plus rigides, sont contraints de faire référence au contenu de la boîte noire et, quand ils ne le décrivent pas, ils ne peuvent se passer de le désigner : pour Minuchin, c'est le besoin d'identité, pour V. Satir la maturation, pour Bowen l'intégration (différenciation), pour Selvini Palazzoli l'hybris, etc.

Les tenants de la psychanalyse ne peuvent se satisfaire de notions aussi vagues et jugent nécessaire de décrire minutieusement le lieu hypothétique où s'élaborent les dysfonctions qui auront éventuellement un retentissement sur les interactions. À partir de points de vue différents on aboutit alors à des concepts qui semblent assez voisins, comme celui du mythe familial chez Ferreira et celui des fantasmes collectifs familiaux chez les psychanalystes. Quant aux secrets familiaux, ils existaient déjà pour Œdipe, d'où son malheur.

L'enchevêtrement de ces deux approches rend difficile la clarification de ce qui appartient en propre à l'une ou à l'autre. Il est cependant possible de classer certaines formes de thérapies familiales comme psychanalytiques en considérant deux critères proposés par H. E. Richter :

- elles doivent s'appuyer sur la théorie psychanalytique même si elles s'efforcent d'intégrer la dynamique des relations interindividuelles dans la famille ;
- elles doivent tenter de permettre aux participants de repérer leurs conflits inconscients et de les élaborer[1].

C'est sans doute en France que l'effort pour conceptualiser une thérapie familiale psychanalytique est le plus net, peut-être parce que c'est le pays où la résistance à la pénétration des théories familiales systémiques est la plus forte. À partir des travaux de Freud, M. Klein, D. W. Winnicott, et des recherches menées sur l'inconscient groupal par l'école française de D. Anzieu et R. Kaës, ainsi que par l'école anglaise autour de W. R. Bion, un certain nombre d'hypothèses sont proposées par A. Ruffiot.

1. *Psychanalyse de la famille*, Paris, Mercure de France, 1971.

La première est celle de l'existence d'un appareil psychique familial qui serait en fait l'appareil psychique groupal de ce groupe primaire qu'est la famille. Cet appareil psychique groupal constitue « un espace intermédiaire, ternaire, médiateur » (ayant les caractéristiques d'un espace transitionnel) entre la réalité psychique interne et la réalité sociale externe »[1]. Pour A. Ruffiot cet appareil psychique familial est la matrice de l'autre (appareil psychique groupal), car le vécu groupal reconstitue la psyché familiale.

L'objectif du thérapeute n'est pas de traiter les psychismes des individus singuliers mais de traiter l'appareil psychique familial lui-même. En effet, chaque famille est composée d'éléments qui, avant d'atteindre à un équilibre personnel (psychisme individuel) doivent tous passer par un stade où ils investissent « l'objet famille », « l'objet-groupe archaïque ». L'appareil psychique familial fonctionne donc comme le contenant des psychismes de chacun. Il recueille les rêveries individuelles grâce auxquelles est maintenu « un courant psychique profond » assurant la cohésion de la famille. Cette cohésion va jusqu'à se manifester par un onirisme à contenu commun. L'objectif du thérapeute est d'amener les membres de la famille à partager cet onirisme et à libérer par là une énergie dévoyée ou bloquée jusqu'alors. Son projet lointain est de permettre à chacun de retrouver un psychisme individuel en mettant fin à l'illusion d'un fonctionnement en « psychéité pure ».

Ruffiot considère, comme cela est constant en pratique psychanalytique, que le symptôme est un compromis entre une pulsion et la défense contre cette pulsion. À ce titre, et très logiquement dans cette perspective, il

1. A. Ruffiot et coll., *La thérapie familiale psychanalytique,* Paris, Dunod, 1981.

s'abstient de toute action ayant pour but direct la suppression du symptôme, ce en quoi il s'oppose aux comportementalistes. Mais du coup le symptôme reste une manifestation pathologique susceptible en outre d'avoir un effet pathogène sur l'ensemble du groupe familial. Selon Ruffiot, c'est sur ce point qu'il se différencie des systémiciens, puisqu'il se trouve dans la nécessité de respecter le symptôme pour en déchiffrer le sens.

Or les systémiciens n'agissent pas non plus directement sur le symptôme, même s'ils le prescrivent. Quelle que soit la technique utilisée dans leur approche c'est toujours par une action sur le contexte familial, fondée sur une hypothèse élaborée à partir de l'observation du fonctionnement des relations interpersonnelles, qu'est obtenu le changement. Alors, le symptôme peut éventuellement disparaître et, de toute façon, le fonctionnement du système ne peut être qu'amélioré. La seule différence perceptible est que, pour les systémiciens, le symptôme est une conduite positive, la seule possible dans la situation donnée ; en revanche, dans l'approche psychanalytique, le symptôme garde un aspect négatif, renvoyant à un dysfonctionnement à l'intérieur du psychisme d'une ou plusieurs personnes du groupe familial.

Nous avons ici un bon exemple du malentendu entre systémiciens et analystes. Ceux-là affirment l'exclusivité du tout interactionnel et ceux-ci celle du tout psychique, et ainsi chaque école se trouve entraînée à ne pas tenir compte des apports de l'autre. Or, nous devons le répéter, même les systémiciens les plus rigoureux ne peuvent évacuer complètement la boîte noire.

Dans sa théorisation des thérapies familiales, A. Eiguer semble avoir tenté une difficile synthèse des deux points de vue, psychanalytique et systémique. Alors que bien des précurseurs des thérapies familiales systémiques se sont progressivement détachés du modèle psychanalytique dont ils étaient partis, lui s'efforce au contraire de ramener les découvertes des systémiciens dans le giron de la psychanalyse sous l'argument que « la thérapie familiale psychanalytique préfère l'interfantasmatisation à l'interaction systémique, l'expression symbolique à l'expression comportementale ; les affects et les fonctions (paternelles/maternelles) aux règles et métarègles ; les jeux sadomasochiques aux tactiques de pouvoir »[1]. Il reprend l'hypothèse d'un fonctionnement inconscient du groupe familial, qui serait en quelque sorte le complémentaire et le produit de la rencontre des fonctionnements inconscients individuels. La vie familiale s'organiserait autour de l'appareil psychique groupal ainsi constitué, dans un jeu de règles et de défenses explicites ou implicites dont le but serait le fonctionnement harmonieux de l'ensemble ; il se pourrait alors, dans certaines conditions, que l'ensemble des règles et défenses devienne trop contraignant pour la bonne marche d'une famille aux prises avec les exigences de la réalité et celles des pulsions. Tout ce code, véritable mécanisme défensif, serait la partie visible de « la vie fantasmatique partagée » sous-jacente.

Là où, selon le point de vue systémique, il suffirait de s'intéresser à ces règles interrelationnelles, Eiguer estime qu'il faut surtout s'intéresser à l'au-delà fantasmatique. Ceci l'amène donc à décrire des fantasmes inconscients partagés : fantasme de dévoration, par exemple, qui pourra se dissimuler derrière la plainte émise par un partenaire du couple parental que son conjoint est trop possessif. La fuite du plaignant devant des exigences perçues comme excessives entraîne une surenchère et peut révéler un « fantasme de même nature » chez son partenaire.

1. A. Eiguer, *Thérapies familiales et schizophrénie,* Encycl. méd. chir., Éditions Techniques (Paris, France), Psychiatrie, 37295 D[10], 1992, 6 p.

Par ailleurs, pour Eiguer, le fantasme inconscient de la scène primitive semble organiser tout le fonctionnement fantasmatique familial.

Il rappelle également un certain nombre de mécanismes qui ne sont pas sans évoquer les hypothèses de Searles dans *L'effort pour rendre l'autre fou,* puisqu'il s'agit de la possibilité pour des individus d'influencer d'autres membres du groupe familial. C'est ce qui se passe dans « l'identification projective », où un individu projette une partie de son moi sur un autre tout en niant que le contenu projeté lui appartienne en propre. Plusieurs auteurs ont élargi l'importance de ce processus en lui attribuant une intentionalité plus ou moins inconsciente : il s'agit de faire vivre ou éprouver par l'autre ce qui lui est attribué en paroles. Eiguer, en ce qui le concerne, pense que certaines personnalités autoritaires (le père du président Schreber) sont capables d'induire littéralement des comportements chez l'autre, et c'est ce qu'il appelle « l'induction narcissique ».

Malgré ses efforts de conciliation, Eiguer n'échappe pas à la critique de L. Kaufmann :

> « On ne peut pas "expliquer" le processus circulaire dans le système familial en le réduisant à la description psychodynamique des individus. »[1]

Ceci parce que le comportement psychopathologique n'est pas repéré comme manifestation d'une conduite positive, la seule possible dans un contexte donné à un moment donné, mais comme manifestation d'une déficience de la structure intrapsychique : Autrement dit, l'école psychanalytique s'en tient au précepte vigoureusement

1. L. Kaufmann, *Psychothérapie familiale de la schizophrénie,* Encycl. méd. chir., Paris, Psychiatrie, 37295 D[10], 7-1983.

rappelé par S. Lebovici quand il parle du « sujet malade et pas seulement désigné comme malade »[1].

Ruffiot et Eiguer s'efforcent donc de proposer un modèle aussi complet que possible de la thérapie familiale psychanalytique. Toutefois il ne faut pas oublier que plusieurs des notions qu'ils présentent se trouvent déjà sous une forme voisine chez des auteurs qui, tout en adhérant à la vision systémique de la famille pathologique, conservent un certain nombre de concepts qui relèvent de la psychanalyse.

C'est ainsi que Boszormenyi-Nagy, qui a apporté à la thérapie familiale des notions dérivées de l'observation des interactions (loyauté, registre des dettes et des mérites, etc.), a conservé en même temps la « complémentarité de désir pathologique » (1962), comme nous l'avons vu précédemment.

De son côté, H. E. Richter décrit quelques rôles familiaux à partir de la dynamique intrapsychique inconsciente, ce qui ne l'empêche pas de s'intéresser de près aux jeux relationnels dans la famille. Il décrit entre autres un schéma selon lequel un membre A peut contraindre un autre membre B à jouer un rôle qui n'est pas le sien (il le force par exemple à être le père, la mère, le frère, etc.), mais qui renvoie à son histoire à lui, A. Ailleurs, certains sujets très narcissiques vivant dans le fantasme de la perfection imposent à un membre de la famille de devenir leur autoportrait idéalisé, parce qu'ils sont eux-mêmes incapables d'assumer leur idéal du moi. Si, au contraire, ils le chargent des aspects négatifs de leurs propres personnalités, ils peuvent le transformer en véritable bouc émissaire. Comme on le voit, il s'agit ici de descriptions que l'on retrouve éparses chez plusieurs auteurs, mais elles ont pour mérite de focaliser l'attention sur les interac-

1. In *Psychiatrie française,* Éd. Médicales et Universitaires, 12e année, n° 2, 1981, p. 31.

tions entre les partenaires. Par exemple, si quelqu'un cherche une mère protectrice, il se conduira en enfant ayant besoin de protection, renforçant chez l'autre les désirs de maternage. Dans ce contexte, la mère apparaît alors comme « responsable » de la conduite de l'autre, car elle-même se comporte en « mère poule surprotectrice ». Pour Richter, qui s'appuie sur son expérience de psychanalyste, ce serait là une erreur car « il n'est pas rare de constater que les torts sont du côté du partenaire apparemment plus faible, opprimé, "inhibé" »[1].

Sa formulation même montre l'impossibilité où il est d'échapper à l'interprétation causaliste : là où le systémicien verrait un trouble interrelationnel dont il importe peu de connaître l'initiateur, le psychanalyste serait facilement conduit à rechercher un coupable. Cette proposition peut paraître excessive, elle n'en est pas moins symptomatique, puisqu'elle est liée directement aux présupposés théoriques de ce type d'approche.

Il ne faudrait cependant pas inférer de ces remarques que la thérapie familiale psychanalytique serait sans intérêt. Des concepts comme celui de transfert, par exemple, sont fort utiles pour rendre compte de la réelle possibilité qu'a un individu de déclencher chez l'autre un certain type de comportement par le déplacement d'une problématique passée dans un agi actuel. On se trouve là en effet dans le cadre même du transfert dont Freud a fait l'aspect le plus important de toute psychothérapie. Au cours de la relation thérapeutique il importe de repérer, dans le jeu relationnel entre analysant et analysé, tous les phénomènes liés au transfert par lequel le patient « préfère vivre le contenu de son souvenir plutôt que de connaître ce souvenir »[2].

1. *Psychanalyse de la famille, op. cit.*, p. 60.
2. J. H. Van den Berg, *Les grands courants de la psychanalyse,* Neuchâtel, Delachaux & Niestlé, 1980, p. 185.

Ainsi les affects d'amour ou de haine, les sentiments de persécution, de rivalité, etc., du patient vis-à-vis de son thérapeute doivent être compris comme des répétitions d'expériences passées, d'attitudes à l'égard des parents et peuvent être interprétés comme tels. Le sens latent de la conduite et du discours du sujet est peu à peu mis à jour, ce qui lui permet de mieux se situer par rapport à ses désirs.

Dans la famille, les phénomènes transférentiels se développent de façon complexe et inconsciente pour chacun des membres. En organisant un cadre thérapeutique approprié, et grâce à sa formation personnelle, le psychanalyste s'efforce de les repérer et, par des interprétations adéquates, il aboutit à une clarification des relations, qui perdent ainsi leur caractère pathologique.

II. – **Les thérapies familiales d'inspiration comportementaliste**

Bien que les concepts du comportementalisme soient utilisés en thérapie familiale, on ne peut pas considérer qu'il existe à proprement parler des thérapies familiales comportementalistes. Ceci est d'ailleurs conforme à la logique de cette école dans la mesure où ses partisans en appliquent les principes, avec de légères adaptations, quels que soient les contextes dans lesquels se manifestent les conduites. Après analyse de la situation, l'effort thérapeutique porte sur le comportement, et lui seul. Certes, le thérapeute ne nie pas l'existence de facteurs intrapsychiques (pulsions, qualité de la personnalité, etc.), mais il exclut toute interprétation qui y ferait référence. Pour lui, le comportement est explicable dans sa totalité par un raisonnement identique à celui qui est utilisé dans les sciences naturelles. Il admet également qu'un comportement trouve son origine dans l'histoire du sujet. Elle peut en expliquer la forme, mais elle ne permet pas de rendre compte de son maintien dans la durée. Il est donc inutile d'essayer de réécrire l'histoire et le processus thérapeutique doit se dérouler dans le présent. Il est à noter également que pour le *behavior thérapeute,* il n'y a pas de discontinuité entre comportement normal et anormal. Dans les deux cas, ce sont les mêmes lois qui ont enseigné, maintenu et/ou modifié les comportements.

En ce qui concerne la famille et les différentes façons de s'en occuper, il est facile de constater que les interventions des thérapeutes pourraient être décrites en termes behavioristes, quelle que soit l'école à laquelle ils se rattachent. Tous, par exemple, cherchent la meilleure façon de renforcer un comportement jugé souhaitable, sans pour autant se référer explicitement au comportementalisme (et même en s'en défendant énergiquement). Ce qui est très facile avec les behavioristes, parce que leur théorisation de base est simple, pourrait être envisagé sans difficultés majeures avec les autres thérapeutes. Il est possible de décrire les techniques behavioristes ou analytiques en termes systémiques. De même les psychanalystes peuvent avoir une vision analytique des systémiciens et des comportementalistes. C'est d'ailleurs parce que les choses se passent ainsi qu'il y a tant de malentendus.

Les comportementalistes avoués constatent que le comportement dysfonctionnel du « patient identifié » entraîne des réactions inadéquates de la part des autres membres de la famille. En appliquant la théorie de l'apprentissage, ils pensent donc que ces réactions ne font que renforcer la pathologie en train de s'installer. Quand une mère s'imagine lutter contre les manifestations de tristesse de son enfant en lui offrant des bonbons, par exemple, elle ne contribue éventuellement qu'à provoquer ces manifestations, chacune devenant l'occasion d'une gratification. Il s'agit donc là d'un conditionnement opérant.

D'une façon générale, le comportementaliste se situe d'abord en position d'observateur ; il vise à repérer les patterns transactionnels, puis à transformer ceux qui sont néfastes en modifiant les renforcements. Il joue également un rôle de modèle par sa position qui connote positivement les efforts des autres membres de la famille pour adopter les comportements recherchés (il encourage par exemple la mère à ne plus « récompenser » les larmes de l'enfant).

Parce que la simplicité apparente de ses explications et de ses techniques en même temps que ses ambitions thérapeutiques le rendent déroutant, le comportementaliste suscite de nombreuses réserves. Une première catégorie porte d'une part sur le peu de cas qu'il fait de l'inconscient et de l'histoire individuelle, ce que les psychanalystes ne sauraient admettre ; d'autre part, sur ses limites pour repérer l'aspect circulaire de l'ensemble familial, ce qui, pour les systémiciens, risque d'entraîner des effets inattendus sur le système élargi. Une deuxième catégorie, présentée généralement avec une grande violence, fait référence aux aspects éthiques et manipulatoires de pratiques susceptibles d'être utilisées à des fins autres que thérapeutiques.

Certaines de ces attaques nous conduisent d'ailleurs à nous demander, dans une perspective systémique, si les comportementalistes ne représentent pas, dans une certaine mesure, le bouc émissaire ou le malade désigné, symptôme d'un malaise dans la famille des thérapeutes.

Malaise qui paraît lié au fait, trop souvent occulté, que les différentes conceptions sont bâties sur des postulats également différents liés à des visions dissemblables de la norme et de la folie. Selon les pratiques qui en résultent, les devenirs des familles ne sont à l'évidence pas les mêmes, mais les comparaisons deviennent difficiles voire impossibles. Bien qu'aucune des écoles ne puisse se prévaloir de détenir la vérité, chacune, enfermée dans sa logique, tend à contester aux autres la légitimité et le bien-fondé de leurs démarches en oubliant le caractère partiel et partial de toutes les approches. Dès lors l'anathème tient lieu de comparaison.

Chapitre VII

LES APPLICATIONS DES THÉRAPIES FAMILIALES

Nous allons maintenant présenter quelques aspects de la pratique des thérapies familiales. Le manque de recul ne permet pas encore de porter un jugement valide sur les actions des uns et des autres et les appréciations portées à leur sujet doivent donc être marquées par la prudence. Il nous paraît toutefois indispensable de proposer un panorama aussi complet que possible de ce que les praticiens, à l'heure actuelle, considèrent comme étant les indications qui relèvent de la thérapie familiale ; du cadre où celle-ci se déroule et des moyens matériels utilisés ; et enfin des stratégies que les uns et les autres adoptent pour leurs interventions.

I. – Les indications

Quelles que soient les écoles, il existe une sorte de consensus à propos des indications, et il nous faut constater qu'à l'heure actuelle le champ des interventions est extrêmement vaste. Comme souvent lorsque apparaît une nouvelle technique porteuse, semble-t-il, de ressources supplémentaires dans l'appréhension de la maladie mentale, les thérapeutes sont tentés d'en multiplier les indications, mais il est vraisemblable qu'une certaine forme de décantation se produira avec le temps.

1. **Premier groupe.**

A) *La schizophrénie.* – Nous avons vu que l'article fondamental de G. Bateson concerne les familles où il y a un patient désigné schizophrène. Par la suite la plupart des auteurs, même s'ils n'ont pas toujours commencé leurs thérapies familiales avec de telles familles, se sont rapidement intéressés à ce type de pathologie. Il faut sans doute voir à l'origine de cette démarche la conjonction de plusieurs facteurs : la fréquence de l'affection dans la population générale, le fait qu'elle soit souvent gravement invalidante, les limites des possibilités des psychothérapies plus classiques, l'efficacité seulement relative de la chimiothérapie. À quoi s'ajoute (on a pu le voir chez les précurseurs) la perception au moins intuitive de la participation des autres membres de la famille à la pathologie.

Malgré de nombreux travaux consacrés à la famille schizophrénique, il n'est pas envisageable de faire une typologie des familles « à risques ». Nous pouvons cependant considérer avec M. Selvini Palazzoli que tout s'y organise autour de l'impossibilité où se trouvent leurs membres de définir leurs relations. Dans ces conditions, le système familial est flou, voire chaotique, la séparation des générations est insuffisante, et le couple parental peu congruent. On assiste à la constitution de sous-groupes plus ou moins fusionnels, à la parentification des enfants, etc. À l'abri de frontières qui, tout en étant trop perméables dans le sens vertical transgénérationnel, tendent à être trop rigoureusement étanches vis-à-vis de l'extérieur, le système familial voit s'accroître d'une part son incapacité à s'adapter aux changements imposés par le cycle vital, et d'autre part sa fragilité devant les stress consécutifs aux changements de société. On peut dire qu'une telle organisation du système familial, avec la promiscuité qui y règne, rend aléatoire la séparation entre l'univers fantasmatique et la réalité. Ceci laisse chacun des membres de la famille désarmé vis-à-vis de ses pulsions (désir incestueux, angoisse de castration...), et on pourrait tout aussi bien affirmer que l'organisation fantasmatique est à l'origine de la désorganisation familiale.

Dans les deux cas la perspective serait causaliste et linéaire alors qu'en fait il ne s'agit que de deux points de vue pour rendre compte (imparfaitement, faute d'un langage approprié) de phénomènes simultanés en interaction circulaire.

D'une façon générale, il est difficile de pratiquer des thérapies familiales strictement ambulatoires et le plus souvent les thérapeutes travaillent sur trois axes : famille, patient, institution, ce qui ne va pas sans poser des problèmes très bien décrits par J.-Cl. Benoît dans *Les théories systémiques et la thérapeutique institutionnelle* (Paris, Masson, 1984).

C'est tout le problème des polythérapies où il faut tantôt considérer le patient comme tel et le traiter comme un malade (chimiothérapie), tantôt le percevoir comme un malade désigné, tantôt enfin comme un sujet qui se désigne comme patient, en sachant que toutes les interventions sont susceptibles de déstabiliser le système familial et d'entraîner des réactions homéostatiques complexes. La clarification du champ opératoire, même si elle est difficile, est un impératif si l'on ne veut pas assister à la mise en opposition stérile et destructrice des différents intervenants, tandis que la famille se retrouve au mieux inchangée dans sa dysfonction, au pire dans un état aggravé *(volens nolens)* par la multiplication de prescriptions plus ou moins contradictoires. Il est hors de doute que dans un tel contexte la vision systémique de l'ensemble (famille, institutions, thérapeutes, travailleurs sociaux, justice éventuellement) est la plus opératoire, même si elle ne s'accompagne pas dans les faits d'une thérapie familiale.

Après une période d'enthousiasme où on a peut-être cru trop vite que tout était possible, on est revenu à une vision plus objective et c'est ainsi que L. Kaufmann a pu écrire : « La psychothérapie familiale des schizophrènes n'est pas une panacée mais elle mérite d'être développée. »[1] Aujourd'hui les auteurs qui en ont l'expérience s'accordent pour penser que les rechutes à court terme sont plus rares et plus brèves, les hospitalisations plus courtes et mieux vécues, et d'une façon générale la souffrance des membres de la famille diminuée, lorsqu'une thérapie familiale a été engagée, combinée avec les autres formes de traitement (chimiothérapie, sociothérapie, etc.). Sur le long terme, non seulement le recul est insuffisant pour apprécier les résultats, mais « l'évaluation des résultats se heurte à des difficultés pratiques et méthodologiques énormes »[2].

B) *L'anorexie mentale* semble être une autre indication de choix. C'est une affection connue depuis longtemps, bien repérée sur le plan symptomatique, et où très tôt on a perçu l'importance du rôle de la famille. Tout ceci a abouti, non sans quelques déboires, à des techniques laissant une large place à l'isolement de la malade, seule stratégie envisagée face à un contexte familial ressenti comme perturbateur et hostile à l'approche thérapeutique.

Il est hors de doute que la pensée systémique, même si on n'y adhère pas, a imprégné d'une nouvelle façon de voir les stratégies des thérapeutes, davantage préparés à envisager l'aspect relationnel de cette affection. Ceci n'exclut bien sûr pas l'existence d'une dynamique personnelle et n'invalide ni les multiples recherches de qualité sur la psychogenèse individuelle ni les résultats par-

1. Loc. cit.
2. *Ibid.*

fois intéressants des traitements psychothérapiques. C'est ainsi que Pina Prata, tout en se plaçant à un point de vue systémique, se réfère à des données intrapsychiques pour faire de la crainte de la mort un des moteurs de la problématique de tous dans les familles comportant une anorexique. Il est vrai que, si les anorexiques se suicident rarement, elles offrent un spectacle macabre à leur entourage, et ce n'est assurément pas sans raison qu'un tel défi à la mort soit ainsi orchestré par tous.

Dans ce type de pathologie, les thérapies fondées sur le paradoxe et la prescription du symptôme peuvent donner de bons résultats aux mains de praticiens expérimentés.

C) *L'alcoolisme,* même s'il est le fait d'un seul, concerne généralement toute une famille. On peut voir dans le recours excessif à l'alcool le symptôme d'une complémentarité excessive entre un individu et son entourage autour du couple honte/mépris. L'alcoolique mû par la honte se sent méprisé et méprisable, il boit pour soulager sa souffrance et se sent méprisé et méprisable de boire excessivement, ce qui le pousse à boire davantage[1].

Mis en demeure de s'arrêter de boire l'alcoolique vit la proposition comme un défi. Il se retrouve dans une relation symétrique avec sa bouteille, comme l'a démontré G. Bateson à partir de ses travaux avec les Alccoliques Anonymes, et est obligé de boire pour (se) démontrer qu'il peut s'arrêter de boire[2].

Au-delà de cette apparence conflictuelle, plusieurs auteurs pensent que l'homéostase familiale, malgré les demandes manifestes de la famille, tend à perpétuer l'alcoolisme. Ce n'est pas le moindre des paradoxes de

1. J. Maisondieu, *Les alcooléens,* nouv. éd., Paris, Bayard, 1998.
2. The Cybernetics of Self : A Theory of Alcoholism, in *Psychiatry,* 34, 1971.

constater que le perturbateur alcoolique est un stabilisateur de la famille. En effet, son comportement réduit les incertitudes car chacun peut prévoir le déroulement des événements lorsqu'il est pris de boisson. Ceci protège de stress plus graves et, au-delà, si l'alcoolique crée la tension autour de lui par son ivresse, il est en même temps « la tension personnifiée » (G. Ausloos), le réceptable des tensions de tous. Désormais on peut décrire d'autres modèles que celui de la famille « victime » de l'alcoolique. Dans la famille « complice », l'alcoolique officiellement stigmatisé pour son inconduite y est en même temps astreint en sous-main car il sert d'antimodèle pour valoriser des qualités dont la famille défend la nécessité (la volonté, la franchise, le courage) et dont il est visiblement dépourvu. Dans la famille « incitatrice », plus que l'alcoolique lui-même, c'est l'alcool qui est considéré comme le responsable des malheurs familiaux : s'il n'y avait pas l'alcool, tout irait bien. L'alcoolique est au service de ce mythe auquel tous les membres de la famille se raccrochent plutôt que d'affronter leurs contentieux. C'est pourquoi sa guérison est problématique et la thérapie familiale pourtant justifiée difficile à faire accepter. Par contre, l'adhésion à un mouvement de buveurs guéris s'avère parfois la solution. Continuant à éluder les problèmes qui pourraient les diviser, l'alcoolique et les siens s'unissent contre l'alcool pour le bouter hors de la famille et lutter contre ses méfaits dans la société. La métamorphose de l'alcoolique en militant abstinent diminue incontestablement la souffrance de tous. Elle apporte aussi un solide renfort au mythe en le validant[1].

Cette nouvelle perspective bouleverse considérablement les habitudes de pensée puisqu'à l'alcoolique bouc émissaire sommé de se soumettre à une cure, elle oppose la vision d'un individu dont le symptôme, dangereux cer-

1. J. Maisondieu, *op. cit.*

tes, est « utile » à l'équilibre familial. Cependant elle ouvre des horizons car elle rend compte d'un certain nombre d'échecs auxquels sont habituées toutes les institutions soignantes. Mais l'approche familiale ne saurait se substituer au traitement individuel, d'autant que l'urgence est souvent là et que les conséquences somatiques de l'alcoolisme doivent être prises en compte. En tout état de cause, si la thérapie familiale n'est pas toujours indiquée ou possible, la vision systémique des relations entre soignants, soignés, famille et, au-delà société, est souvent indispensable pour diminuer les risques d'aggraver une situation au moment même où on souhaite l'améliorer.

D) *La toxicomanie.* – Davantage encore que pour l'alcoolisme les thérapeutes estiment pouvoir intervenir dans les familles dont l'un des membres, généralement un adolescent, présente une toxicomanie. Le recadrage immédiat par l'abord familial permet effectivement de dépasser, en théorie du moins, les attitudes causalistes facilement culpabilisantes face à des parents désemparés et des enfants révoltés. Il existe de multiples formes d'interventions, mais il est encore trop tôt pour en évaluer les résultats à long terme.

Certains auteurs, s'inspirant de l'approche intergénérationnelle systémique de Boszormenyi-Nagy, font référence à l'équilibre des dettes déléguées et transmises de génération en génération. En quelque sorte, le toxicomane devrait faire payer quelque chose (dette de haine) à des parents qui ne peuvent refuser ce qu'il demande, d'autant qu'ils peuvent eux-mêmes se vivre comme débiteurs. Ainsi le conflit manifeste entre parents et enfant peut être construit inversement comme une manifestation de loyauté. Le toxicomane se sacrifie pour permettre à ses parents d'acquitter une dette dont ils n'ont pu se libérer vis-à-vis de leurs propres parents.

Quelle que soit la « vérité » de ce type de décodage, il peut se révéler opératoire et modifier une situation familiale bloquée. D'une façon plus générale, on ne peut éviter la question qu'il pose quand on sait que la diffusion des toxicomanies juvéniles survient dans un contexte d'apparent refus de l'héritage socioculturel[1].

M.-O. Goubier-Boula, quant à elle[2], repère l'importance du thème de la mort dans ces familles où le « jeu » avec la drogue semblerait être la métaphore de cette mort. Inconsciemment et paradoxalement, la séparation d'avec l'enfant serait davantage crainte que sa mort. En outre, comme dans les familles d'alcoolique, la dimension incestueuse y est importante. En revanche, à la différence des familles à transaction schizophrénique, les alliances et les conflits sont ici exprimés dans un contexte de pseudo-mutualité ou pseudo-hostilité.

E) *La démence.* – Depuis quelques années, en partie du fait du vieillissement de la population, la pathologie du troisième âge, et plus particulièrement les démences, a attiré l'attention des thérapeutes familiaux. Il semble que l'on puisse dire que c'est en Europe que les travaux sur ce thème sont les plus précis (Y. Colas, J. Maisondieu, G. Ausloos).

D'une façon générale, les auteurs placent la pathologie démentielle sous le signe de l'angoisse de mort, aussi bien pour le malade désigné dément que pour son entourage. Tout se passe comme si le système familial ne pouvait supporter l'imminence de la disparition de l'un des siens auquel il serait à la fois prescrit de « partir » (car il représente par sa déchéance l'image de la mort) et de « rester » parmi les siens (en tant que négation, par sa

1. Cf. G. Mendel, *La crise des générations,* Paris, Payot, 1969.
2. M.-O. Goubier-Boula et O. Real, *L'inceste, la mort et la toxicomanie, Thérapie familiale,* Genève, vol. 3, 1982, n° 3.

survie, de cette mort). Ce type de pathologie serait plus fréquent dans les familles à forte complémentarité où, à l'inverse des familles à transactions schizophréniques, les rôles et les transactions sont définis de manière rigide. Le système est fortement hiérarchisé et les distances entre chacun sont préservées coûte que coûte. Par exemple, si le « chef de famille », le père habituellement, s'affaiblit, un membre de sa famille (son épouse) se « sacrifie ». Elle réduit ses performances à un niveau tel qu'elle réalise un tableau de démence, permettant ainsi à la famille de garder son chef, sa « tête ». Ailleurs, la démence du chef de famille est le seul moyen d'entériner la passation de pouvoir. Dans tous les cas le système est préservé sans être remis en question.

Il n'existe à l'heure actuelle que des travaux isolés sur ce sujet et des résultats très modestes. Pourtant, ce type de pathologie permet mieux que d'autres de percevoir combien l'abord systémique est susceptible de bouleverser radicalement les conceptions. En effet, une analyse du discours médical amène à constater que le phénomène d'exclusion-maintien du vieillard qui se détériore y est repris sur le mode défensif. Des définitions prédictives deviennent de véritables prescriptions d'incurabilité, tandis qu'est évacuée sans discussion la question de l'angoisse de mort, remplacée par des diagnostics organiques pas toujours fondés[1].

On pourrait se demander, dans le cas de la démence, si toute cette démarche ne relève pas de l'acharnement thérapeutique. Pourtant, grâce à des résultats, partiels et rares certes, mais réels, il devient possible de penser que, malgré des altérations organiques indéniables, le « cerveau » continue à fonctionner et que la pathologie est majorée du fait des rétroactions des uns et des autres. Et

1. J. Maisondieu, *Le crépuscule de la raison,* nouv. éd. augmentée, Paris, Bayard, 1996.

ceci peut relever de l'approche systémique. Or, l'accent mis actuellement sur la perception du dément comme « fardeau » aboutit au contraire à privilégier exagérément les stratégies de soutien aux aidants familiaux au détriment d'une approche l'incluant comme partenaire des siens. Ceci n'est sans doute ni innocent ni dénué d'effets pathogènes.

2. **Deuxième groupe.** – Les thérapeutes familiaux se sont d'abord intéressés aux grandes maladies mentales classiques. Ceci n'a pas empêché certains d'entre eux d'élargir très tôt leur champ d'étude. Ainsi H. Stierlin a émis l'hypothèse que des formes de cancers pourraient être liées à l'existence d'une délégation imposée à l'un de ses membres par le système familial, afin qu'il enclenche un processus d'autodestruction dans son propre corps. Sans aller jusqu'à envisager une conjecture aussi hasardeuse, on s'accorde généralement à reconnaître que dans les familles où un membre présente une maladie psychosomatique (asthme, diabète...) il existe des surdéterminations en rapport avec les interactions familiales. Il se peut alors que le trouble ne soit pas lié au dysfonctionnement mais il est sûr qu'il est entretenu par les multiples rétroactions provoquées par sa présence.

S. Minuchin a rapporté une expérience scientifique sur des jeunes diabétiques où il est apparu clairement qu'un stress provoqué par un conflit entre les parents était capable de modifier certaines variables biochimiques chez ces enfants[1]. Il a ainsi introduit la notion de famille psychosomatique et, à la suite de ses travaux, de nombreux auteurs se sont intéressés à ces familles. Celles-ci peuvent se caractériser par :

- un rôle maternel excessif souvent accompagné d'une disqualification du père ;

1. Cf. *Familles en thérapie,* Paris, L.-P. Delarge, 1979.

– la diminution de la dimension conjugale du couple au bénéfice de son rôle parental ;
– une fréquente intervention de la fratrie en rivalité avec l'enfant malade ;
– malgré les apparences, un rôle actif de ce dernier dans le dysfonctionnement du système.

L'ensemble familial vit en vase clos, avec une rigidification des relations et la fuite devant les conflits, et en même temps il est amené à entrer en contact avec d'autres systèmes (enseignants, soignants...).

On a aussi constaté que d'autres affections (asthme, arthrite rhumatoïde...) peuvent tirer bénéfice d'une thérapie familiale, en plus des soins médicaux, et la même remarque s'applique aux familles où un des enfants est atteint d'un handicap chronique. Dans l'épilepsie, les problèmes posés par l'apparition des crises s'ajoutent à celui de l'ignorance des origines de la maladie, avec son cortège de culpabilité, et la recherche d'une causalité aboutissant à des accusations plus ou moins voilées de l'une ou l'autre branche composant la famille. En outre, l'enfant malade est dans la situation paradoxale d'être au centre des préoccupations par ses crises, au cours desquelles il est justement « absent ».

Dans le même registre, on comprend aisément l'intérêt d'une prise en charge familiale quand apparaît une maladie grave chez un enfant (leucémie, par exemple). Très vite, en effet, va s'établir un mythe du type « l'enfant ne sait pas que nous savons qu'il va mourir » (M. Vander Marcken), avec lequel le thérapeute va devoir travailler en tenant compte de la souffrance de tous.

À partir du champ psychiatrique proprement dit, la thérapie familiale (systémique surtout) s'est rapidement consacrée aux multiples détresses psychosociales où, logiquement, sa place doit devenir de plus en plus grande. Sans en attendre des miracles, il semble qu'elle soit la mieux armée pour prévenir les erreurs qu'une approche linéaire ne peut qu'entretenir, et pour rétablir des circuits de communication fonctionnels dont la famille ne peut faire l'économie.

La psychopathie (ce véritable « fourre-tout »), à la limite entre normal et anormal, entre social et psychiatrique fournit un autre exemple d'indication relevant de la thérapie familiale. Le contact avec des familles de psychopathes laisse transparaître parfois une certaine forme de complicité où, malgré des doléances évidentes, les parents donnent l'impression de vivre par procuration les aventures qu'ils s'interdisent à eux-mêmes[1]. Plus largement, on retrouve ici l'étrange fascination que le psychopathe exerce sur les équipes soignantes. L'élucidation des messages contradictoires, où à la prescription digitale de se tenir tranquille s'oppose la demande analogique de continuer, peut améliorer les interactions à l'intérieur du système.

Ailleurs, par exemple dans les familles où le père est complètement disqualifié, qu'il soit présent ou parti, des conduites délinquantielles ou des fugues peuvent apparaître au sujet comme le meilleur moyen de prendre ses distances par rapport à sa mère et de se mettre ainsi à l'abri de ses pulsions incestueuses à son égard, tandis qu'elle, de son côté, tout en se plaignant verbalement des soucis que lui occasionne son fils, le provoque par son comportement à continuer jusqu'à ce qu'il soit « arrêté ». Les murs de la prison instaurent alors la séparation rendue impossible par la carence du père.

Toutes ces conduites sont essentiellement inconscientes. Elles sont source d'une réelle souffrance, à ne pas

1. La Moral Insanity, ancêtre de la psychopathie était, paraît-il, plus fréquente chez les fils de pasteurs que dans le reste de la population britannique.

sous-estimer, d'autant qu'elle s'auto-entretient par les solutions trouvées.

Toujours dans le registre des détresses psychosociales, le drame des enfants battus peut faire l'objet d'une thérapie familiale car il s'inscrit souvent dans une répétitivité transgénérationnelle. En tout état de cause, la vision systémique peut permettre au réseau des multiples intervenants dans de telles situations d'agir de façon congruente.

Outre les pathologies constituées et les situations répétitives, les thérapies familiales, particulièrement systémiques, sont une indication intéressante pour les familles en crise, à l'occasion d'une rupture dans l'équilibre du système : le chômage, à l'évidence, ne touche pas seulement le chômeur mais aussi sa famille ; sur fonds de précarité, voire de pauvreté, il peut parfois modifier la hiérarchie familiale, il sollicite toujours les solidarités interindividuelles. La découverte d'une séropositivité au VIH ou d'un Sida avéré chez l'un ou l'autre des membres d'une famille apporte un douloureux lot de secrets et faux-secrets sur les circonstances de la contamination et sur la maladie, de peurs avouées et inavouées, etc. Dans de tels cas, l'intervention sous forme de thérapies brèves peut avoir un impact bénéfique en quelques séances.

Des symptômes telles les fugues ou les tentatives de suicide ne devraient plus être perçus uniquement comme les témoins d'une souffrance individuelle, mais aussi repérés comme signes d'une souffrance familiale. Ils sont de bonnes indications de thérapies brèves qui devraient être proposées quasi systématiquement, souvent moins pour dédramatiser la situation que pour éviter la banalisation, source de récidive, d'un passage à l'acte réduit trop facilement à la taille d'une « bêtise », en particulier chez les adolescents.

II. – Les contre-indications

Il convient de distinguer l'approche familiale de la thérapie familiale proprement dite. En ce qui concerne la première, on peut dire globalement qu'elle ne connaît aucune contre-indication. La rencontre avec la famille est entendue comme une évaluation diagnostique à l'issue de laquelle on pourra ou non entreprendre une thérapie codifiée. Un des intérêts de cette évaluation est par exemple de se rendre compte qu'une thérapie n'est pas souhaitable, soit parce que la famille est trop dispersée, soit parce que le processus de désintégration y est déjà trop avancé (Ackermann). Elle permet en outre de repérer les autres intervenants auprès du groupe, s'il en existe. On peut ainsi découvrir que plusieurs services sociaux, des instances judiciaires, des psychiatres, jouent des rôles qu'il va falloir clarifier. Le seul fait de se livrer à cette élucidation peut avoir un impact considérable quant à l'amélioration du système familial, même s'il ne s'agit pas véritablement d'une thérapie. À ce propos, il convient de noter que beaucoup de thérapies familiales ne peuvent être menées en ambulatoire, en particulier si la famille contient un malade désigné psychotique. Il convient donc de soupeser judicieusement l'acceptabilité de cette approche par l'institution, afin d'éviter peut-être des situations paradoxales qui augmenteront la confusion.

Ceci posé, les entretiens d'évaluation peuvent avoir une dimension thérapeutique qui dépasse une simple action de clarification.

G. Prata et O. Masson[1] rapportent ainsi un cas de maladie de Gilles de La Tourette (maladie des tics) « guérie » en une seule consultation supervisée par M. Selvini Palazzoli. Pendant son déroulement, la séance

1. In *Thérapie familiale*, Genève, 1984, vol. 5, n° 2.

destinée à préciser l'indication de thérapie s'est transformée en traitement, où la prescription était de ne pas entamer de thérapie familiale dans l'immédiat. Cela a suffi pour que disparaissent les symptômes, ce qu'une catamnèse a confirmé trois ans plus tard. Cet exemple particulier (et exceptionnel) permet de poser qu'en matière de thérapie familiale proprement dite il n'y a pas véritablement de contre-indication ; il importe davantage de savoir reconnaître les absences d'indications. On peut penser que les échecs plus ou moins graves sont davantage liés à une mauvaise évaluation de la situation qu'à l'existence d'authentiques contre-indications.

Cette brève analyse ne prétend pas à l'exhaustivité. Elle ne regroupe que les troubles les mieux étudiés, ceux qui provoquent le plus d'interventions et les publications les plus abondantes. Il n'y a pas encore (et il semble bien qu'il ne puisse y avoir) de critère extrêmement précis. On peut de ce fait inciter à une certaine prudence en rappelant une fois encore que le recul est modeste, que le vieil adage « Primum non nocere » doit rester actuel, et qu'il pourrait y avoir, par exemple, quelque inconscience à entamer une thérapie avec une famille comportant un paranoïaque particulièrement ombrageux. De même, en présence d'un sujet présentant des accès mélancoliques graves, il sera sans doute plus judicieux d'avoir recours à un arsenal chimiothérapique bien fourni et souvent efficace. Le thérapeute familial doit autant que les autres (sinon encore plus, du fait qu'il prend en charge plusieurs personnes) se méfier des fantasmes de toute-puissance qui peuvent hanter son inconscient (d'autant qu'il peut avoir tendance à sous-évaluer la place dudit inconscient). Le choix tactique de ne s'occuper que de l'extérieur de la « boîte noire » risquerait de lui faire oublier qu'à l'origine c'est bien parce qu'elle était piégée qu'il fallait s'en méfier.

III. – La demande

Il ne peut y avoir de thérapie familiale sans demande exprimée. En thérapie individuelle, la situation semble *a priori* assez simple : un sujet souffre, il a éventuellement des symptômes, il demande le soulagement de sa souffrance et la disparition de son symptôme. Il est bien entendu que derrière cette demande manifeste peut s'en dissimuler une autre, la demande d'amour familière aux psychanalystes. À partir de cette demande s'élabore alors un contrat thérapeutique. En thérapie familiale, même si ces éléments sont tous là, ils apparaissent en ordre dispersé. Ce n'est pas forcément celui qui présente le symptôme qui demande à en être soulagé ; ce n'est pas non plus celui qui fait la demande qui souffre forcément le plus, etc. L'indication d'une thérapie familiale se posera à partir de l'évaluation de la dispersion des éléments qui constituent la demande. R. Neuberger, qui a sans doute le mieux clarifié ce problème, distingue trois critères dont l'identification est nécessaire :

- le symptôme témoin du conflit ;
- la souffrance qui en découle ;
- l'allégation, c'est-à-dire la demande d'aide à un praticien[1].

Très schématiquement, on peut admettre que, si ces trois critères sont réunis sur une seule et même personne, il n'y a pas d'indication de thérapie familiale. Celle-ci ne devient envisageable que s'ils sont répartis sur deux ou plusieurs membres de la famille.

Plus délicat est le problème d'une demande qui n'émane directement d'aucun des membres de la famille mais qui est portée par un référant extérieur (assistant social, éducateur, juge des enfants). Ici, la résistance de

1. Aspects de la demande, in *Thérapie familiale,* vol. 1, n° 2, 1980.

la famille au changement qui lui est proposé dans un contexte où, en fait, elle est peu libre de le refuser, cette résistance risque de mettre d'emblée la thérapie en échec, d'autant qu'elle peut rencontrer celle d'un thérapeute peu enclin à être utilisé dans une visée normative. Si cette dernière question ne se pose guère en ce qui concerne les violences intrafamiliales (maltraitance, inceste) où la frontière entre la récupération normative et la non-assistance à personne en danger est assez claire, souvent la réponse n'est pas aisée et, s'il décide d'intervenir, le thérapeute aura toujours à faire un difficile recadrage de son intervention pour lui donner quelques chances d'efficacité.

Reste la non-demande liée à une méconnaissance par les professionnels des possibilités de la thérapie familiale. C'est ici que le modèle systémique, plus particulièrement, vient heurter les habitudes de pensée issues du modèle médical. Si les travailleurs sociaux sont assez sensibles aux possibilités offertes par un outil qui se propose de travailler sur le contexte plutôt que sur les individus, les médecins restent plus réservés sur l'utilité de ces techniques en particulier en ce qui concerne les pathologies dûment répertoriées comme des maladies ; pour eux, trop souvent, le « malade désigné » reste seulement un malade. Un important effort d'enseignement et d'information serait nécessaire pour faire évoluer les esprits. Encore faudrait-il une volonté de le faire ; or, la notion de maladie, quelle qu'en soit la réalité par ailleurs, permet d'éviter certaines interrogations sur le contexte. Elle est, de fait, autant au service de l'homéostasie sociale que de l'homéostasie familiale et sa remise en question, même partielle, entraîne des résistances.

Chapitre VIII

LES ASPECTS TECHNIQUES

La variété des approches en thérapie familiale ne permet pas d'opposer catégoriquement des modalités pratiques parfaitement pures. Chaque thérapeute innove en effet en fonction de son cursus personnel, des influences qu'il a subies, de son expérience et du contexte dans lequel il travaille. Ceci pose donc d'abord le problème de la formation des thérapeutes et ensuite celui de leurs pratiques, que l'on peut distinguer sommairement selon qu'elles sont franchement psychanalytiques ou davantage systémiques.

I. – La formation

Les initiateurs des thérapies familiales n'avaient pas de modèle de formation à leur disposition. Beaucoup étaient psychanalystes, d'autres psychiatres ou spécialistes en sciences humaines, et c'est à partir de leurs expériences qu'ils ont construit leurs pratiques. Des qualités humaines indéniables, jointes généralement à une grande culture et à un intérêt profond pour leurs patients, leur ont permis d'organiser de nouvelles stratégies de façon généralement satisfaisante pour les familles. Néanmoins le recul amène à constater, à partir des rétroactions, qu'on ne peut s'improviser thérapeute familial.

Pour ceux qui observent les règles des thérapies familiales analytiques, il existe depuis longtemps des structures pédagogiques pour la pratique des cures (individuelles) et des groupes artificiels. Pour les autres le problème est différent. Il convient d'abord de distinguer deux types d'approches : utilisation de l'outil systémique dans l'institution et application de cet outil aux thérapies familiales proprement dites. Le premier est rendu délicat par la difficulté qu'il y a à s'adapter à un nouveau point de vue qui paraît plus judicieux. Le second, dont l'objectif est beaucoup plus précis, est aussi beaucoup plus dangereux par ses retentissements immédiats sur les individus du fait de la possibilité de manipulations non contrôlées. L'unanimité semble donc se faire chez les thérapeutes familiaux en ce qui concerne la nécessité d'une formation sérieuse, mais les modalités de cette formation sont loin d'être codifiées.

Les demandes sont venues de médecins psychiatres et leurs équipes, de psychologues et de travailleurs sociaux, et ont entraîné la création d'instituts, soit autour des grands promoteurs de l'idée de thérapie familiale, soit, le plus souvent, autour de leurs élèves. Au cours des séances sont abordés les aspects théoriques de la thérapie, ainsi que ses modalités pratiques, à l'aide de familles simulées, d'études de cas enregistrés en vidéo, de thérapies supervisées... Certains formateurs demandent une psychanalyse didactique personnelle comme préalable, mais tous s'adressent dans l'ensemble à des candidats ayant déjà une expérience dans des domaines qui les ont mis au contact des familles. La formation s'étale sur plusieurs années et des recyclages sont organisés, mais aucun diplôme n'est délivré puisqu'il n'existe pas encore de statut de thérapeute familial.

L'absence de reconnaissance d'un statut officiel entraîne quelques problèmes en ce qui concerne non seulement la qualité des formations, mais encore les possibilités d'exercer qui s'offrent aux thérapeutes familiaux ainsi préparés. Nous en sommes encore dans une période de recherches où rien n'est institutionnalisé, ce qui n'empêche pas que des expériences soient menées en relation avec des organismes officiels. Toutefois la question du remboursement des actes et celle de l'agrément de ce type de pratique par la Sécurité sociale ne sont pas réglées pour l'instant. Or il ne s'agit pas ici d'une simple revendication de principe, dès lors que cette nouvelle approche prend, selon certains, ses distances envers la psychiatrie traditionnelle et son modèle médical, et va même jusqu'à les remettre en question.

II. – Les techniques psychanalytiques

La fréquence des sessions est habituellement élevée (hebdomadaire) ; le thérapeute est essentiellement non directif, passif, et il privilégie l'écoute et la libre association. Il peut éventuellement être assisté par des cothérapeutes en séance, pour la perlaboration contre-transférentielle. La durée du traitement peut dans certains cas s'étendre sur des années.

Il y a d'abord un entretien préliminaire visant à préciser la demande et à situer la famille en tant que groupe. Cet entretien est structuré selon les principes de « l'approche groupale et fantasmatique ». Par la suite, la technique est surtout « fondée sur l'écoute du fantasme inconscient sous-jacent au discours familial » (A. Ruffiot). Pour cela, le thérapeute fait « l'appel des rêves » en demandant aux participants ce qu'ils ont rêvé depuis la séance précédente. Ceci afin de repérer « le fonctionnement de l'appareil psychique familial qui a justement ses origines profondes dans une pensée hallucinée, une pensée de rêve » *(Id.)*. Les interprétations portent avant tout sur ce matériel onirique dans le cadre du transfert avec les thérapeutes.

Peu à peu la famille découvre qu'elle est engluée dans un réseau fantasmatique prégnant, vis-à-vis duquel elle parvient à prendre quelque distance. Chacun peut alors élaborer son propre monde fantasmatique individuel et poursuivre ainsi son évolution psychique. Grâce à la verbalisation chacun peut atteindre à l'individuation qui lui donne son autonomie. Et rien n'empêche que la thérapie familiale ne soit suivie d'une ou plusieurs psychothérapies individuelles.

III. – Les techniques systémiques

Parce qu'ils savent que le thérapeute est immédiatement pris par l'atmosphère familiale, les systémiciens attachent la plus grande importance à ce fait, déjà signalé, de l'interaction permanente entre l'intervenant et la famille. Si le psychanalyste estime qu'il peut faire confiance à sa propre analyse didactique pour maîtriser et utiliser les phénomènes transférentiels, le systémicien (même s'il ne nie pas l'existence de tels phénomènes) ne cherche pas à les utiliser car il ne se situe pas à un niveau d'intervention identique. Il s'intéresse avant tout à la façon dont les communications sont perturbées, puisqu'il considère que les transformations dans le processus communicationnel peuvent à leur tour modifier les psychismes.

Cette différence de perspective est un autre lieu où se situent une bonne part des malentendus. Schématiquement il est possible de dire que l'écoute analytique, renvoyant à un inconscient structuré comme un langage, privilégie la communication digitale. À l'inverse les systémiciens, parce qu'ils pensent avoir repéré le poids de la communication analogique, sont donc moins sensibles (au niveau de leur pratique) au contenu des messages qu'à la forme qu'ils prennent et à leur congruence.

Dans ces conditions, ils accordent une importance particulière à la visualisation de ce qui se passe dans l'ici et maintenant de la séance de thérapie. Plus que l'oreille, l'œil est actif. Ceci explique l'insistance sur le repérage des interactions et le recours à un matériel : enregistrements vidéo, glace sans tain, magnétophone... La thérapie se fait le plus souvent avec un minimum de deux thérapeutes, des deux sexes éventuellement. L'un des deux thérapeutes joue le rôle d'observateur, soit, dans la pièce, soit derrière la glace[1]. Il peut être passif, et ne faire état de ses constatations qu'après la séance, ou, le plus souvent, actif. Il peut alors téléphoner ses remarques au thérapeute qui est au contact de la famille, mais il peut tout aussi bien venir dans la pièce et intervenir dans la séance. Son importance est admise par à peu près tout le monde, car il est placé en situation privilégiée pour voir des interactions que ses collègues pourraient ne pas saisir, surtout dans les moments de tension. Son rôle de supervision lui permet d'attirer l'attention sur des dérapages involontaires dans la stratégie, ou de soutenir tel ou tel participant dont on sent qu'il est menacé du fait du déroulement de la séance. La stratégie globale exigeant en effet l'implication du thérapeute, l'observateur permet de conserver les aspects positifs de l'implication tout en gommant ses contrecoups négatifs.

Pour la plupart des thérapeutes, la fréquence des séances est de l'ordre d'une toutes les deux à quatre semaines. On peut distinguer :

– Les thérapies « brèves », qui ont pour objectif de permettre à une famille de résoudre dans des conditions satisfaisantes une situation critique. La thérapie lui fait traverser cet épisode aigu en trouvant des solutions adéquates alors qu'elle est soutenue et accompagnée dans ce processus de transformation.

– Les thérapies plus longues qui visent généralement à aider une famille à découvrir qu'il est préférable

1. L'unanimité s'est faite chez les thérapeutes pour que la présence de cet observateur soit connue de la famille, à qui on demande également son accord si des enregistrements sont réalisés.

d'accepter une crise du système plutôt que de chroniciser un conflit latent au nom de l'homéostasie.

Il s'agit en général de familles qui ont une longue histoire pathologique, soit autour d'un patient désigné, soit dans un contexte de troubles répétitifs et variés dans les conduites, souvent associés à une désinsertion sociale. La thérapie familiale s'adresse au groupe entier, la présence de tous les membres étant indispensable pour réaliser l'objectif thérapeutique. Il est nécessaire de souligner ici les difficultés liées à l'imprécision de la notion de famille, mais l'expérience permet de constater qu'à chaque fois qu'un membre est exclu, délibérément ou non, du projet thérapeutique, ce dernier a toutes les chances d'échouer. Cependant, en raison d'impératifs circonstanciels, certaines séances peuvent ne regrouper qu'une partie de la famille. Dans ce cas, il n'est pas rare que les membres absents soient informés par lettre du contenu de la séance. En effet, s'il est évident que les intervenants, à quelque titre que ce soit, sont tenus par le secret professionnel, il doit être convenu avec tous les membres de la famille que le secret des entretiens n'est pas opposable aux uns par rapport aux autres, dès lors qu'ils sont engagés dans une thérapie[1]. Les thérapeutes ont parfois quelques difficultés à faire respecter cette convention, cependant rigoureusement indispensable, pour ne pas se voir disqualifier.

Le premier contact avec la famille est déterminant pour l'établissement du projet thérapeutique et fait par conséquent l'objet d'une grande attention de la part de l'équipe. Pour certains, qui travaillent dans des centres de thérapie familiale indépendants de toute institution, la consultation commence au premier coup de téléphone, dès que quelqu'un formule une demande de thérapie fa-

1. Ceci conduit parfois certains participants à conserver pour eux les secrets qu'ils ne veulent pas voir diffuser.

miliale. M. Selvini Palazzoli, par exemple, en profite pour élaborer un dossier très complet qui permet de clarifier la demande et d'évacuer tout de suite les possibilités d'artefacts. Immédiatement l'équipe propose des hypothèses dont la validité sera ou non authentifiée lors de la première rencontre. Pour d'autres, qui ne bénéficient pas nécessairement d'aussi bonnes conditions de travail, la codification de la première séance est moins précise puisqu'elle sert en partie à fournir les informations qui n'ont pas été rassemblées au préalable.

Nous ne pouvons envisager de répertorier ici toutes les techniques utilisées en thérapie familiale systémique. Selon les circonstances et en fonction de sa personnalité, chaque thérapeute a en effet la possibilité de choisir parmi l'éventail des méthodes proposées par les chercheurs les plus connus. Nous nous contenterons d'en examiner brièvement quelques-unes, en commençant par les grands principes dégagés par S. Minuchin dans le cadre de sa thérapie familiale structurale et plus ou moins acceptés par tous.

Nous ne reviendrons pas sur la nécessité qu'il y a, selon lui, de dresser une carte de la famille où les frontières soient bien délimitées, puisque cette notion de carte est une suite logique de sa théorisation (cf. *supra*). Signalons également qu'il a argumenté en faveur de l'obligation d'avoir des objectifs précis en accord avec le diagnostic porté sur le dysfonctionnement et qui va servir d'hypothèse de travail. Il tient en outre à ce qu'un contrat liant tous les participants soit établi.

À partir de la question posée par l'introduction d'un étranger (le thérapeute) dans la famille, il décrit les techniques d'affiliation et d'accommodation. Sous ces deux vocables, il désigne les deux versants du processus d'adaptation à la famille : l'affiliation concerne les actes permettant au thérapeute de se « brancher » sur le système familial, alors que l'accommodation englobe les ajustements auxquels il doit lui-même se soumettre pour atteindre à l'affiliation. Quand il y parvient, il est à même de vivre pleinement toutes les interactions familiales, ainsi que leurs retentissements affectifs. Cette technique est plus ou moins suivie par l'ensemble des thérapeutes, sans qu'ils l'aient toujours formalisée. Cette nécessaire immersion dans le milieu familial permet de mieux comprendre l'utilité de l'observateur qui fait en sorte que le thérapeute ne se laisse pas « phagocyter » par le système.

S. Minuchin préconise également d'autres techniques adaptées telles quelles ou aménagées. Ce sont par exemple celles qui consistent à :

– *Laisser rejouer les patterns transactionnels familiaux.* – Il faut que le thérapeute parvienne à se faire suffisamment oublier en tant que tel afin que puissent se manifester librement toutes les formes d'interactions. Il ne s'agit plus alors de descriptions mais de scènes vécues.

– *Jouer de l'espace.* – C'est ici une technique déjà utilisée en psychologie. Elle permet, en plaçant ou déplaçant les individus, de repérer les distances, les frontières érigées spontanément, et d'analyser les changements entraînés par ces déplacements. Ce type de manipulation de l'espace est repris largement par tous avec des variations.

– *Sculpter.* – On peut rapprocher de cette technique celle qui est connue sous le nom de sculpture familiale. Inventée par D. Kantor, elle a pour objectif de représenter les relations entre les membres de la famille par la création de « tableaux vivants ». Un « sculpteur » est désigné par les membres de la famille et il doit organiser des regroupements où il représente, à travers les postures qu'il indique, les attitudes affectives de la famille telles qu'il les voit ou qu'il les souhaite. Tout ceci fait l'objet de commentaires collectifs. Pour S. Minuchin, « la manipulation spatiale recèle la puissance de la simplicité. Son éloquence graphique met en lumière les messages du thérapeute »[1].

– *Surmonter les stress.* – Par ses interventions, le thérapeute crée volontairement des situations inhabituelles et il analyse les procédés utilisés par la famille pour s'y adapter, ainsi que les nouvelles situations relationnelles que ceci entraîne. Cette stratégie est reprise d'une façon ou d'une autre par tous les auteurs qui s'efforcent de clarifier les communications, leur but n'étant pas nécessairement de provoquer des stress au sens de Minuchin (cf. V. Satir).

– *Utiliser le symptôme.* – C'est une nécessité pour le thérapeute puisqu'il le considère comme l'expression d'un problème familial. S. Minuchin envisage de multiples possibilités : « Se concentrer sur le symptôme », l'exagérer ou au contraire réduire son importance, le réétiqueter ou changer les affects le concernant. L'école de Milan a le mieux perçu, dans la logique de la connotation positive, l'intérêt qu'il y a à « prescrire le symptôme », ce qui revient à dire implicitement que le système familial en a besoin et que les thérapeutes, par conséquent, ne s'attendent pas à le voir changer. Ce faisant, on applique l'une des observations de l'école de Palo Alto : l'injonction prétend renforcer le comportement que le patient et sa famille s'attendent à voir changer. Il s'agit donc ici d'un paradoxe dans la mesure où, en demandant au patient de ne pas changer, on le provoque à le faire. De fait, on le place dans une situation intenable : s'il obéit, il ne peut plus dire : « C'est plus fort que moi » ; en revanche, il ne peut désobéir qu'en faisant disparaître le symptôme, ce qui est le but de la thérapie. C'est exactement la situation que décrit le « double lien ». Mais ici le patient n'est plus « condamné s'il obéit et condamné s'il n'obéit pas », par quoi on reconnaît le

1. *Familles en thérapie, op. cit.*, p. 160.

double lien pathogène ; au contraire il « change s'il obéit et change s'il n'obéit pas », ce qui est un double lien thérapeutique[1].

– *Attribuer des tâches thérapeutiques.* – Enfin, Minuchin pense qu'il est utile de donner des tâches à accomplir aux membres de la famille dans un but d'exploration et de « manipulation ». Ces tâches peuvent être exécutées pendant la séance ou prendre la forme de « devoirs à la maison » (discuter d'un problème imposé, modifier la disposition des places à table...). M. Selvini Palazzoli reprend cette idée en précisant qu'il importe de faire une prescription de tâche dès la première séance, et ceci avec des objectifs très précis (ex. : prendre en notes toutes les paroles prononcées par le malade désigné). Elle a également imaginé une tactique thérapeutique qu'elle considère comme très efficace : la « prescription de rituels ». Cette technique se propose de dépasser un problème difficile dans le traitement des familles à transaction schizophrénique : comment changer les règles sans recourir à l'instrument linguistique qui, au-delà de sa dimension explicative, contient toujours un élément critique implicite. Il convient donc de faire intervenir le code analogique plus que le digital. La prescription du rituel évite tout commentaire et permet l'organisation d'un jeu codifié où des normes nouvelles de fonctionnement se substituent tacitement aux normes habituelles. M. Selvini Palazzoli insiste à juste titre sur le caractère indispensable d'une élaboration détaillée du rituel en fonction des hypothèses émises sur le fonctionnement familial. Les rituels étant rigoureusement spécifiques à un système donné, il ne peut donc y avoir de recettes pour les établir (cf. *Paradoxe et contre-paradoxe, op. cit.*).

À ces règles proposées par S. Minuchin et adoptées par les uns et les autres, nous ajouterons un certain

1. Cf. Watzlawick, *op. cit.*, p. 246.

nombre de pratiques mises au point par différents thérapeutes.

– *Le génogramme.* – En 1976, P.-J. Guérin et E. G. Pendagasi décrivent ce qu'ils entendent par là : il s'agit d'un « diagramme structural représentant le système des relations dans une famille étendue sur trois générations »[1]. Il permet de visualiser les événements qui ont marqué l'évolution de la famille, les frontières entre les individus ou les sous-systèmes, les caractéristiques d'appartenance, etc. L'élaboration collective du génogramme est aussi un moyen de repérer certaines relations privilégiées, les redondances transgénérationnelles, les oublis, les mythes ou les surnoms. Elle peut être également l'occasion de voir diminuer les tensions par la verbalisation, et de faire apparaître un sentiment d'empathie entre les membres de la famille. En fait, l'élaboration d'un génogramme est prétexte à un dialogue où l'intérêt n'est plus centré sur le patient désigné, et où il est possible d'élaborer des hypothèses concernant la suite de la thérapie et, éventuellement, le choix d'une stratégie. L'utilisation du génogramme est très répandue, que l'on choisisse de l'établir à la première séance ou plus tard.

– *La métaphore.* – L'utilisation de la métaphore ou de la parabole peut éclairer, tout en l'atténuant, le contenu d'un message verbal inacceptable, en mettant une certaine distance par rapport au contenu du message. Grâce à elles, ce qui est dit peut être simultanément accepté et refusé. Si par exemple le thérapeute demande à un mari quel animal pourrait représenter sa femme, la réponse lui permet de proposer une définition dans un contexte où les informations circulent sur le mode ludique et où

1. P.-J. Guérin, *Family Therapy,* New York, Gardner Press, 1976, p. 452.

l'humour peut avoir sa place. Il se produit alors un effet de dédramatisation et par conséquent une modification du contexte autorisant l'élaboration de nouvelles relations. Dans d'autres cas le thérapeute propose son commentaire sous forme de parabole et certains (Andolfi) vont même jusqu'à utiliser des objets métaphoriques pendant la séance.

– *Prescription du semblant.* – Neuburger estime qu'à certains moments du cycle de vie de la famille des changements deviennent indispensables, qui peuvent être générateurs d'une crise. Quand un enfant atteint l'adolescence, par exemple, il peut adopter des comportements surprenants, susceptibles d'être interprétés par la famille comme autant de symptômes. Or il s'agit plutôt de « simulacres, de valant-pour, de semblants dont la fonction est de tester la capacité de la famille à accepter ce changement ». Autrement dit d'un jeu plus ou moins inconscient pour obtenir une modification de la définition des relations. Neuburger pense que si ces comportements sont pris au pied de la lettre, et donc compris comme des troubles, la négociation ne peut s'ouvrir. La nécessité du changement est niée et on fait passer l'homéostasie familiale avant la demande de l'adolescent. Son problème étant invalidé, l'adolescent devient un patient désigné. Il n'est plus entendu dans sa souffrance, « il va servir d'emblème de ralliement » et servir à renforcer l'homéostasie.

Neuburger propose alors d'intervenir avec une forme particulière d'injonction paradoxale qu'il appelle « prescrire le semblant » : il signifie à l'adolescent qu'il doit faire semblant de croire à sa pathologie, et aux parents qu'eux aussi doivent faire semblant d'y croire. Dans tous les cas la prescription entraîne un changement puisque la famille ne peut que refuser cette nouvelle définition des relations. Elle est ainsi amenée à prendre en compte la nécessité de changer.

– *Mirroring-Modelling.* – « Les thérapeutes familiaux, face à une famille, tendent à reproduire entre eux les interactions qui existent entre les membres de cette famille et donc à avoir des comportements en miroir des leurs. »[1] C'est la contamination *(mirroring).* « C'est un phénomène totalement passif de subversion par lequel les thérapeutes initiateurs de changement passent, sans s'en rendre compte, au service du non-changement. »[2] Pour enrayer ce mécanisme au service de l'homéostasie familiale, le recours à un cothérapeute observateur est nécessaire. Il permet la prise de conscience de l'imitation et son blocage.

L'imitation induite étant bloquée, le thérapeute peut à son tour s'offrir en modèle, en montrant au patient des comportements plus adaptés. Par exemple, devant une famille où le père écrase la mère de son autorité, les observateurs peuvent constater que, dans le couple de thérapeutes, l'homme va écraser sa collègue *(mirroring).* Ils prescrivent alors à cette dernière de prendre davantage la parole et à l'homme de s'effacer. Ils présentent donc à la famille un nouveau schéma transactionnel plus efficace *(modelling)*[3].

La contamination, cette imitation induite, est à un carrefour entre l'interindividuel et l'intra-individuel, à la limite du volontaire et de l'involontaire (cf. le bâillement ou le fou-rire). Elle rend compte de l'utilité de la glace sans tain en thérapie systémique, tandis que le *modelling* est un exemple de l'emploi dans cette dernière d'une technique d'inspiration comportementalo-cognitiviste.

– *Thérapies élargies.* – La difficulté de définir les limites de la famille, la richesse de l'analyse systémique dans

1. J. Maisondieu, Contamination *(mirroring),* in *Dictionnaire clinique des thérapies familiales systémiques,* Paris, ESF, 1988, p. 82-85.
2. *Ibid.*
3. D. Breunlin *et al.,* Cotherapy as a method of support and family therapy, in *Association for Family Therapy Newsletter,* Londres, 1978.

l'étude des relations entre les divers partenaires familiaux et sociaux (institutions) a conduit très tôt certains praticiens à sortir du cadre familial pour développer des stratégies incluant différents intervenants. Ce sont les thérapies familiales en réseau dont on peut immédiatement voir que si elles sont séduisantes sur le plan théorique, elles sont aussi difficiles à mettre en pratique, d'autant plus qu'elles ouvrent la porte à des manipulations de type sociopolitique.

D'autres encore suivent Peter Laqueur qui, dès 1964, a proposé sa méthode de Multiple Family Therapy. Cette pratique qui lui avait en partie été imposée par des impératifs économiques (limitation de son budget) débouche sur une thérapie associant les mécanismes de la thérapie familiale à ceux de la thérapie de groupe. Il semble que, malgré une mise en œuvre obligatoirement malaisée, il y ait trouvé des aspects positifs. Certaines institutions, en particulier celles qui s'occupent de toxicomanies, organisent ainsi des rencontres à visées thérapeutiques auxquelles plusieurs familles participent simultanément. On doit enfin évoquer les pratiques de réseaux qui se sont développées à partir des travaux de Ross Speck aux États-Unis. Concernant elles aussi plusieurs familles, elles visent plus à les autonomiser par rapport aux institutions et aux dispositifs d'aide qu'à les soigner en tant que telles.

IV. – **La prévention**

Une des préoccupations constantes en médecine est d'intervenir le plus précocement possible, soit pour des troubles *statu nascendi,* soit, mieux encore, avant l'éclosion de la moindre pathologie. Par exemple l'organisation des secteurs psychiatriques correspond à cette volonté de ne pas se contenter de soigner des maladies déclarées, ni même de prévenir les récidives, mais d'effectuer une véritable prévention. Disposant d'un outil qui présente une grande efficacité potentielle et qui est adaptable à de multiples situations, les thérapeutes familiaux ne pouvaient qu'être tentés de le mettre au service de cet objectif.

C'est sans doute en Suisse que les recherches dans ce domaine sont les plus élaborées en ce qui concerne le cadre strict des thérapies familiales. Toutefois, même dans ce pays, on se heurte à un problème important. En effet, il est légitime de proposer une thérapie familiale pour prévenir le développement d'une pathologie chez des enfants dont les parents (un ou deux) souffrent d'une affection mentale caractérisée, diagnostiquée et traitée selon les schémas classiques, ou bien qui sont au centre d'une situation conflictuelle grave. Mais dans tous les autres cas il faudrait pouvoir disposer d'une méthode de détection du type médical, comme il y en a par exemple dans la lutte antituberculeuse. Ceci est évidemment impossible et même si une telle méthode était découverte, serait-il souhaitable de l'utiliser ? On peut en douter. On est donc automatiquement amené à se référer aux normes qui permettent à la société de distinguer ce que l'on appelle « les familles à risques », celles où une pathologie est susceptible d'apparaître. Mais dans ce cas on arrive au constat d'O. Masson, selon lequel « les sujets les plus défavorisés, ceux qui se trouvent dans la plus grande misère psychologique et sociale, ne recourent pas spontanément aux ressources qu'offre la communauté »[1]. La prévention s'adresserait donc en priorité aux catégories socioprofessionnelles les plus basses, auxquelles il faudrait prêter une demande qu'elles n'expriment pas spontanément. Ceci nous ramène une fois de plus au problème de l'idéologie.

1. In *Pro Juventute,* Lausanne, 1-2-3-1978.

Chapitre IX

L'IDÉOLOGIE

Dans son ouvrage *La Troisième Planète*[1], E. Todd a proposé d'une façon élégante, et non sans quelques solides arguments à l'appui, la thèse selon laquelle une structure familiale déterminée prédispose à l'adoption d'une certaine idéologie. Selon lui, on pourrait ainsi expliquer l'implantation du marxisme sous sa forme la plus rigide dans la Russie révolutionnaire, car la famille y était du type « communautaire exogame ». En revanche cette idéologie a eu du mal à s'implanter en Pologne, où la famille est du type « nucléaire égalitaire ». Une telle analyse, même si elle n'est pas acceptable dans son intégralité, a le mérite d'apporter un éclairage intéressant au problème des rapports entre la famille et l'idéologie, auquel n'échappent pas les thérapies familiales. Si le système familial peut prédisposer à telle ou telle idéologie, les idéologues peuvent avoir le désir de fabriquer des familles « normales » c'est-à-dire conformes à leurs normes, par exemple en agissant sur les structures (cf. Minuchin). Ce danger n'existe pas que dans les régimes totalitaires.

Déjà, le fait de placer la famille au centre des préoccupations des intervenants avec une visée thérapeutique n'est pas neutre. Au moment même où la mort de la famille est souvent proclamée, on peut se demander si les thérapeutes familiaux viennent pour la sauver ou pour l'achever.

1. Paris, Le Seuil, 1983.

La famille est actuellement en plein remaniement. Les modifications des pratiques sexuelles en partie liées aux progrès de la contraception, l'accès plus large des femmes au monde du travail, la dispersion des parentèles du fait des migrations internes et la diversification des modèles culturels du fait de l'immigration ont transformé en quelques courtes décennies le contexte social dans lequel elle s'inscrit. Les liens interindividuels sont moins serrés. Parce qu'elle a davantage la possibilité d'être autonome, la femme est moins dépendante de son partenaire. Le mariage est en recul. Les couples veillent moins à durer qu'à s'épanouir. Et si les enfants socialisés plus tôt acquièrent plus rapidement une certaine autonomie affectivo-sexuelle, par contre ils restent plus longtemps dépendants de leurs parents sur le plan économique. À côté des familles traditionnelles, les familles recomposées, les familles monoparentales et les familles mixtes sont loin d'être l'exception. Les unes comme les autres sont confrontées aux nouvelles donnes et, parfois, ne sachant pas inventer des modèles de fonctionnement permettant à leurs membres de s'épanouir tout en intégrant les changements, elles deviennent dysfonctionnelles. Par exemple, certains membres de la famille se cramponnent aux références dont ils ont hérité, tandis que d'autres les rejettent et veulent en imposer de nouvelles. Des problèmes de loyauté et des enjeux de pouvoirs se font jour. Ils sont source de souffrances et de conflits. Des troubles des conduites peuvent apparaître (tentatives de suicide, alcoolisme, toxicomanie, violences, etc.). Ils ne font qu'aggraver les problèmes, et c'est à leur occasion que l'indication d'une thérapie familiale peut être envisagée.

Qu'ils s'en défendent ou non, tous les thérapeutes qui interviennent à quelque titre que ce soit et quelle que soit leur technique, ont forcément une image de ce que doit être la famille. Si en général ils n'essayent pas consciemment d'imposer leur propre modèle, il n'est pas sûr que la chose ne se produise pas plus ou moins à leur insu, surtout en ces périodes de remaniement social et de remise en question des normes. C'est ainsi que le mouvement féministe a pu dénoncer la non-prise en compte du rôle de l'identité sexuelle par les thérapeutes familiaux, et notamment les systémiciens. De ce fait, ils contribuent à pérenniser les inégalités entre les femmes et les hommes car « les hommes et les femmes sont socialisés de telle façon qu'ils vivent des relations personnelles de façon largement différentes »[1]. Par exemple, le recours à la notion de complémentarité peut servir à maintenir une certaine domination du mari sur la femme qui demeure SA femme.

N'étant pas véritablement conscients de leurs propres rapports avec l'idéologie dans laquelle ils baignent, les thérapeutes peuvent ainsi instiller aux patients une image de la famille qui ne soit pas en contradiction avec celle du pouvoir. Et vis-à-vis de cette difficulté, la plupart des défenses sont sans efficacité.

Psychanalystes, comportementalistes et systémiciens sont bien confrontés bon gré mal gré au problème de l'idéologie, au même titre que tous ceux (enseignants, journalistes ou hommes politiques) dont l'action est susceptible de modifier des comportements, voire des attitudes. Et pourtant il leur faut faire face à des souffrances réelles dans des contextes précis et il est de leur devoir d'y apporter un soulagement aussi complet que possible. Il leur appartient donc d'affiner encore leur méthodologie en essayant d'en repérer les règles les plus universelles et d'en évacuer ce qui est circonstanciel. Il faut permettre à la famille de choisir son propre modèle et se contenter de lui donner les moyens pour qu'il fonc-

1. Cf. Peggy Papp, Thérapie familiale et idéologie, in *Étapes d'une évolution, cahiers critiques de thérapie familiale et de pratiques de réseaux,* n° 15, Paris, Privat, 1993.

tionne, quel qu'il soit. Pour cela, deux principes nous semblent essentiels : les thérapeutes doivent d'abord reconnaître qu'ils n'ont pas le monopole de la vérité ni en matière de modèle familial ni en matière de stratégie thérapeutique ; ils doivent ensuite accepter l'idée que leur propre modèle thérapeutique sera un jour dépassé.

On conçoit également que les thérapies familiales puissent être utilisées à d'autres fins que leur objectif initial qui est de soulager la souffrance d'un petit groupe. Il est incontestablement légitime, par exemple, de venir en aide sur le mode systémique à une famille décontenancée par le stress que représente le chômage d'un parent, ou des deux. Mais il ne faudrait pas que cela permette aux pouvoirs en place de se sentir autorisés à ne pas se pencher sur la question du chômage. Il en va de même pour les familles à risques et pour la notion de prévention. La marge demeure étroite entre une intervention éthiquement justifiée et un détournement abusif de cette intervention.

CONCLUSION

Au cours des dernières décennies, le problème de la folie a été domestiqué en maladie mentale et, comme le dit T. S. Szasz : « L'expression "maladie mentale" est une métaphore que nous avons fini, à tort, par prendre pour un fait. »[1] Cependant, grâce à cette nomination, on a pu isoler un champ opératoire, ce qui a permis de mieux appréhender le problème et d'organiser tout un système de soins. Celui-ci, bien qu'étant nécessairement en rapport avec l'idéologie dominante, ne s'en est pas moins révélé capable de soulager des souffrances. L'inadéquation relative de l'outil thérapeutique à son objet a abouti à un questionnement, même si, comme toujours, l'effort a davantage visé à perfectionner l'outil plutôt qu'à le remplacer. Cette réaction n'est pas critiquable, bien au contraire, à condition de ne pas s'aveugler sur ses limites. Freud, déjà, avait su aller plus loin en inventant la psychanalyse, c'est-à-dire un nouvel outil permettant de creuser le champ plus profondément.

Avec les thérapies familiales systémiques, il s'agit non seulement de changer d'outil, mais de changer de champ, puisque la notion même de maladie mentale est remise en question, au moins partiellement. À la notion d'une folie intra-individuelle s'ajoute celle d'une folie interindividuelle. Élargissement du contexte, donc, qui pourrait faire rêver d'une éradication définitive de la maladie mentale. Il faut évidemment se garder d'une telle illusion si l'on souhaite que les thérapies familiales contribuent au mieux-être de tous, mais les refuser serait une grave erreur.

1. *La loi, la liberté et la psychiatrie,* Paris, Payot, 1977.

BIBLIOGRAPHIE

Bateson, Birdwhistell, etc., *La nouvelle communication*, textes recueillis et présentés par Y. Winkin, Paris, Le Seuil, 1981.

Benoit (J.-C.), Malarewicz (J. A.) et coll., *Dictionnaire clinique des thérapies familiales systémiques*, Paris, ESF, 1988.

Boszormenyi-Nagy (L.) et Framo (J.-L.), *Psychothérapies familiales. Aspects théoriques et pratiques*, Paris, PUF, 1980.

Guérin (P.-J.) *et al.*, *Family Therapy. Theory and Practise*, New York, Gardner Press, 1976.

Miermont (J.) (sous la dir. de), *Dictionnaire des thérapies familiales*, Paris, Payot, 1987.

Minuchin (S.), *Familles en thérapie*, Paris, J.-P. Delarge, 1979.

Napier (A.) et Whitaker (C.), *Le creuset familial*, Paris, R. Laffont, 1978.

Ruffiot (A.) *et al.*, *La thérapie familiale psychanalytique*, Paris, Dunod, 1981.

Satir (V.), *Thérapie du couple et de la famille*, Paris, L'Épi, 1977.

Selvini-Palazzoli (M.) et coll., *Paradoxe et contre-paradoxe*, Paris, ESF, 1983.

Walrond-Skinner (S.), *Thérapie familiale. Traitement des systèmes vivants*, Paris, ESF, 1980.

Watzlawick (P.), Beavin (J. H.) et Don D. Jackson, *Une logique de la communication*, Paris, Le Seuil, 1981.

Watzlawick (P.) et Weakland (J.), *Sur l'interaction, Palo Alto 1965-1974*, Paris, Le Seuil, 1981.

REVUES

Générations, Paris.

Thérapie familiale, Genève.

Journal of Family Therapy, Londres.

Réseaux, Systèmes, Agencements, Bruxelles.

Family Process, New York.

Terapia familiare, Rome.

Résonances, Toulouse.

TABLE DES MATIÈRES

Imprimé en France
Imprimerie des Presses Universitaires de France
73, avenue Ronsard, 41100 Vendôme
Octobre 2001 — N° 48 491